新版

クレヨンしんちゃんのなんでも百科シリーズ

クレヨンしんちゃんの まんが 四《よ》字《じ》熟《じゅく》語《ご》辞典《じてん》

監修／江口尚純
静岡大学教育学部教授
編集・構成／りんりん舎

キャラクター原作
臼井儀人

双葉社

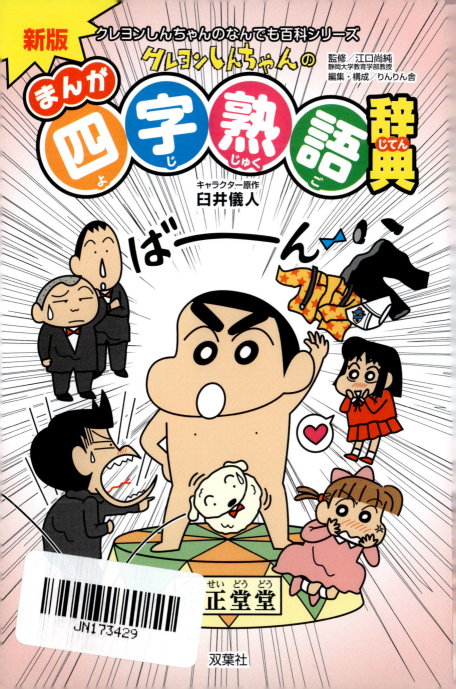

ようこそ！ 四字熟語《よじじゅくご》の劇場《げきじょう》へ！

奇《き》想《そう》天《てん》外《がい》70ページなまんがと**創《そう》意《い》工《く》夫《ふう》**140ページされた説明《せつめい》を**一《いっ》石《せき》二《に》鳥《ちょう》**44ページで楽《たの》しめる**完《かん》全《ぜん》無《む》欠《けつ》**62ページの辞《じ》典《てん》だゾ

右《みぎ》の文章《ぶんしょう》の意味《いみ》、みんなはわかったかな？ わかった人《ひと》もわからなかった人《ひと》も、わきに示《しめ》したページを開《ひら》き、その意味《いみ》や使《つか》い方《かた》を読《よ》んでみよう。きっと新《あたら》しい発見《はっけん》があるよ。

四字熟語《よじじゅくご》は、国語《こくご》の勉強《べんきょう》に役立《やくだ》つのはもちろん、伝《つた》えたいことを短《みじか》い言葉《ことば》でかっこよく言《い》える、とても便利《べんり》な言葉《ことば》だよ。さあ、この本《ほん》で

○四字熟語《よじじゅくご》の正《ただ》しい意味《いみ》と使《つか》い方《かた》
○四字熟語誕生《よじじゅくごたんじょう》のヒミツを紹介《しょうかい》する昔話《むかしばなし》
○楽《たの》しくてタメになるクイズページ
○この本《ほん》のために書《か》き下《お》ろしたクレヨンしんちゃんのまんが

を読《よ》んで四字熟語《よじじゅくご》を楽《たの》しく学《まな》び、覚《おぼ》えた四字熟語《よじじゅくご》をどんどん使《つか》ってみようよ。使《つか》えば使《つか》うほど四字熟語《よじじゅくご》のかっこよさと奥《おく》の深《ふか》さがわかり、もっともっと四字熟語《よじじゅくご》を勉強《べんきょう》したくなるよ。

この本《ほん》のおもな
登《とう》場《じょう》人《じん》物《ぶつ》

野原《のはら》みさえ
しんちゃんのお母《かあ》さん。バーゲンとダイエットが好《す》き。

野原《のはら》ヒロシ
しんちゃんのお父《とう》さん。ビールとおねえさんが好《す》き。

家族《かぞく》など

野原《のはら》しんのすけ(5歳《さい》)
おねえさんと、お菓子《かし》の「チョコビ」が好《す》き。アクションようち園《えん》のひまわり組《ぐみ》。

名前《なまえ》と顔《かお》を覚《おぼ》えておくと、四字熟語《よじじゅくご》がよ〜く覚《おぼ》えられるかもよ

野原《のはら》ひまわり(0歳《さい》)
しんちゃんの妹《いもうと》。イケメンと宝石《ほうせき》など光《ひか》る物《もの》が好《す》き。

小山《こやま》むさえ
みさえの妹《いもうと》。元《もと》カメラマンのたまご

シロ
野原家《のはらけ》のペット犬《けん》。

みさえの父《ちち》

みさえの母《はは》

ヒロシの父《ちち》　ヒロシの母《はは》

コージ
親方《おやかた》の弟子《でし》。

親方《おやかた》
大工《だいく》の頭《とう》りょう。

ミッチー
ヨシりんが大好《だいす》き。

ヨシりん
ミッチーが大好《だいす》き。

ようち園《えん》の友《とも》だち

ボーちゃん
石集《いしあつ》めが
趣味《しゅみ》。

あいちゃん
家《いえ》がとっても
お金持《かねも》ち。

マサオくん
あいちゃんが好《す》
き。気《き》が弱《よわ》い。

ネネちゃん
キレると、ウサギ
のぬいぐるみをな
ぐる。

カザマくん
マリーちゃんと
勉強《べんきょう》が好《す》き。

ようち園《えん》の先生《せんせい》

園長先生《えんちょうせんせい》
顔《かお》はこわいが
やさしい。

しいぞう先生《せんせい》
保育《ほいく》に熱《あつ》い、
熱血先生《ねっけつせんせい》。

まつざか先生《せんせい》
お酒《さけ》が好《す》き。恋人《こいびと》
は徳郎《とくろう》さん。

上尾先生《あげおせんせい》
わら人形《にんぎょう》
が好《す》き。

よしなが先生《せんせい》
明《あか》るくやさしい。

武蔵野剣太《むさしのけんた》
自分流剣道《じぶんりゅうけんどう》
を教《おし》える。

お銀《ぎん》

竜子《りゅうこ》

マリー

ななこの父《ちち》

ななこちゃん
しんちゃん
が恋《こい》してい
る女子大生《じょしだいせい》。

しのぶちゃん
女子《じょし》プロレス
ラーをめざす。

四字熟語《よじじゅくご》の多《おお》くは中国生《ちゅうごくう》まれ

「一生懸命《いっしょうけんめい》勉強《べんきょう》して百点《ひゃくてん》をとった」。「自由自在《じゆうじざい》にサッカーボールをあやつる」。みなさんのまわりには、この一生懸命《いっしょうけんめい》（38ページ）のような自由自在《じゆうじざい》（110ページ）のような四字熟語《よじじゅくご》があふれています。

四字熟語《よじじゅくご》とは、文字《もじ》どおり4つの漢字《かんじ》からなる熟語《じゅくご》。その多《おお》くは中国生《ちゅうごくう》まれで、臥薪嘗胆《がしんしょうたん》（56ページ）のように歴史《れきし》のできごとから学《まな》んだり、温故知新《おんこちしん》（54ページ）のように賢《かしこ》い人《ひと》の教《おし》えや昔《むかし》の書物《しょもつ》の内容《ないよう》がもとになっているものが多《おお》くあります。

広《ひろ》く親《した》しまれている四字熟語《よじじゅくご》のなかには、「一生懸命《いっしょうけんめい》」のように日本《にほん》で作《つく》られた四《よ》字熟語《じじゅくご》もあります。

漢字《かんじ》
学問《がくもん》
仏教《ぶっきょう》
四字熟語《よじじゅくご》
建築《けんちく》
技術《ぎじゅつ》
中国《ちゅうごく》
日本《にほん》

日本《にほん》と中国《ちゅうごく》は古《ふる》くから、人《ひと》や文化《ぶんか》、ものなどの深《ふか》いつながりがあります。

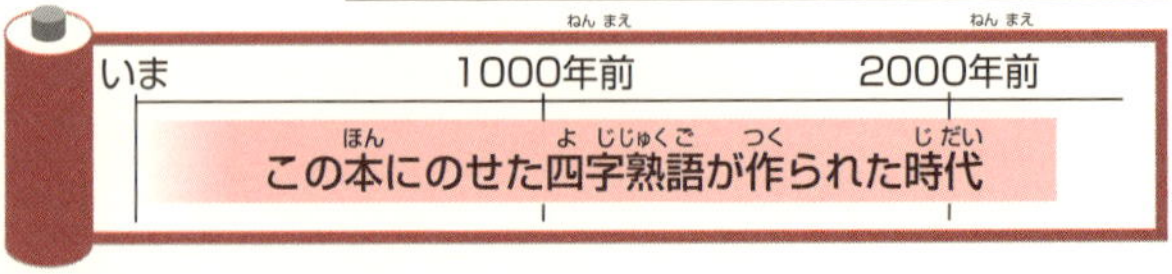

いま
1000年前《ねんまえ》
2000年前《ねんまえ》
この本《ほん》にのせた四字熟語《よじじゅくご》が作《つく》られた時代《じだい》

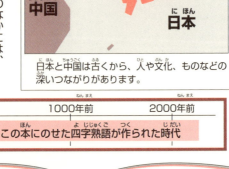

「たとえ」を表《あらわ》す四字熟語《よじじゅくご》がズラリ!!

この本《ほん》では、「たとえ」や人生《じんせい》の知恵《ちえ》になる四字熟語《よじじゅくご》をのせています。たとえば、「十人十色《じゅうにんといろ》」（111ページ）は「十人《じゅうにん》いれば十人《じゅうにん》それぞれの色《いろ》がある」という意味《いみ》で「人《ひと》によって様々《さまざま》にちがうたとえ」です。八人《はちにん》の趣味《しゅみ》がちがうようすを「人《ひと》の趣味《しゅみ》は十人十色《じゅうにんといろ》」と説明《せつめい》してもかまいません。「たとえ」とはこのような意味《いみ》です。

ですから、この本《ほん》には「焼肉定《やきにくてい》食《しょく》」や「一時停止《いちじていし》」など、「たとえ」にならない、名前《なまえ》や動作《どうさ》を表《あらわ》すだけの四字熟語《よじじゅくご》はのせていません。

4つの文字《もじ》からなる言葉《ことば》＝四字熟語《よじじゅくご》

ものの名前《なまえ》など

例 **焼肉定食《やきにくていしょく》**

この本《ほん》で習《なら》う四字熟語《よじじゅくご》

例1 **弱肉強食《じゃくにくきょうしょく》**（107ページ）

●弱《よわ》いものの肉《にく》を強《つよ》いものが食《た》べることではない

●弱《よわ》いもの（人《ひと》・会社《かいしゃ》・国《くに》など）は強《つよ》いもの（人《ひと》・会《かい》社《しゃ》・国《くに》など）のえじきになるたとえとして使《つか》われる

例2 **青天白日《せいてんはくじつ》**（130ページ）

●青《あお》い天《てん》（空《そら》）、白《しろ》いお日《ひ》さまという2つの言葉《ことば》をもとに「後《うし》ろ暗《ぐら》いことがない」「無実《むじつ》が明《あき》らかになる」ことのたとえとして使《つか》われる

組《く》み合《あ》わせに注目《ちゅうもく》して覚《おぼ》えよう！

四字熟語《よじじゅくご》の漢字《かんじ》の組《く》み合《あ》わせには、いくつかのパターンがあります。四字熟語《よじじゅくご》を覚《おぼ》えるときは、もとになる二字《にじ》ずつの熟語《じゅくご》に分解《ぶんかい》したり、もとになった中国《ちゅうごく》のお話《はなし》（言《い》い伝《つた》え）を頭《あたま》に思《おも》いえがいたりするのがコツです。

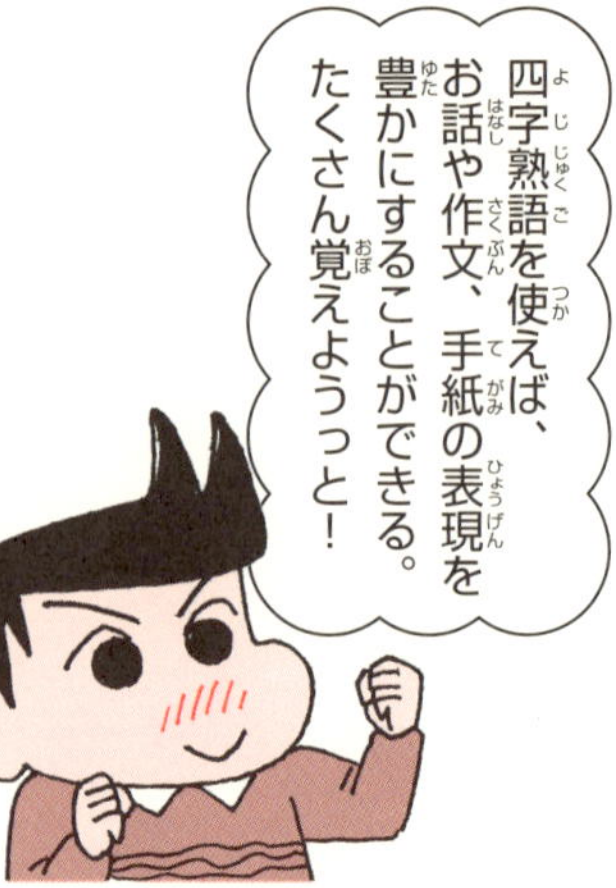
四字熟語《よじじゅくご》を使《つか》えば、お話《はなし》や作文《さくぶん》、手紙《てがみ》の表現《ひょうげん》を豊《ゆた》かにすることができる。たくさん覚《おぼ》えようっと！

代表的《だいひょうてき》な組《く》み合《あ》わせのパターン

中国《ちゅうごく》の昔《むかし》の詩《し》やお話《はなし》などからできたもの

画竜点睛《がりょうてんせい》（58ページ）
羊頭狗肉《ようとうくにく》（202ページ）

パターン1
意味《いみ》が似《に》た熟語《じゅくご》の組《く》み合《あ》わせ

一字一句《いちじいっく》（25ページ）
自由自在《じゆうじざい》（110ページ）

パターン2
意味《いみ》が反対《はんたい》の熟語《じゅくご》の組《く》み合《あ》わせ

半信半疑《はんしんはんぎ》（175ページ）
有名無実《ゆうめいむじつ》（200ページ）

パターン3
対等《たいとう》な四文字《よんもじ》の組《く》み合《あ》わせ

冠婚葬祭《かんこんそうさい》（60ページ）
起承転結《きしょうてんけつ》（65ページ）

パターン4
数字《すうじ》が入《はい》る

一石二鳥《いっせきにちょう》（44ページ）
千変万化《せんぺんばんか》（139ページ）

パターン5
体《からだ》を示《しめ》す漢字《かんじ》が入《はい》る

粉骨砕身《ふんこつさいしん》（186ページ）
平身低頭《へいしんていとう》（188ページ）

組《く》み合《あ》わせのパターンはほかにもあります。

この本《ほん》の使《つか》い方《かた》

四字熟語《よじじゅくご》の意味《いみ》やもとになったお話《はなし》の説明《せつめい》。

会話《かいわ》や文章《ぶんしょう》の中《なか》での使《つか》い方《かた》をあげています。

四字熟語《よじじゅくご》の使《つか》い方《かた》がしんちゃんのまんがで楽《たの》しく理解《りかい》できます。

言語道断
ごんごどうだん
意味
言葉に表せないほど、とんでもない。
使い方
「警察官、飲酒運転でたい捕」。このニュースを聞いた警察庁長官は「言語道断。警察官にあってはならないことです」とあやまった。
これも覚えよう
もってのほか　とんでもない─「小学生がこんなに遅い時間に帰ってくるなんて、～よ」
言語＝言葉に出して表す。
道断＝もってのほか。＊「げんご」とは読まない。＊「同断」はまちがい。
不良になりたいって？
よろしくお願いします
けんかしたことあんの？
ないけどがんばります
ガンとばしたことは？
とばします
おめえ、自分の親をなぐれるか？
えっ…?!
なぐれます
バカヤロー！自分の親に手を出すやつなんて言語道断だよ!!
おとといおいで!!
ほー…
90

説明《せつめい》する四字熟語《よじじゅくご》

四字熟語《よじじゅくご》のもとになった熟語《じゅくご》とその意味《いみ》。

覚《おぼ》えておくと役《やく》に立《た》つ四字熟語《よじじゅくご》やことわざ、慣用句《かんようく》などをしょうかいしています。

類 似《に》た意味《いみ》の四字熟語《よじじゅくご》など。　**対** 反対《はんたい》の意味《いみ》の四字熟語《よじじゅくご》など。

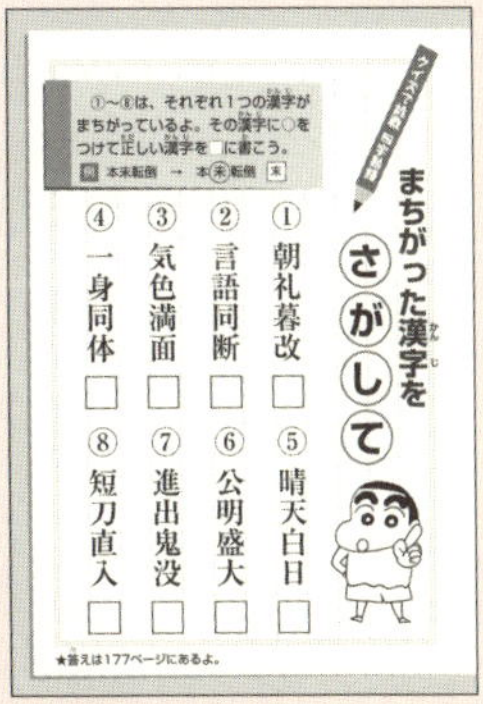

①～⑧は、それぞれ1つの漢字がまちがっているよ。その漢字に○をつけて正しい漢字を□に書こう。
例 本末転倒 → 本末転倒 末
まちがった漢字をさがして
① 朝礼暮改
② 言語同断
③ 気色満面
④ 一身同体
⑤ 晴天白日
⑥ 公明盛大
⑦ 進出鬼没
⑧ 短刀直入
★答えは177ページにあるよ。

クイズをときながら四字《よじ》熟語《じゅくご》に親《した》しむことができます。

四字熟語 コミックス劇場 その1
一念発起
で、商売はんじょう の巻
さーっらっしゃーい!!

しんちゃんのコミックスから、ぴったりのまんがをのせています。

四字熟語 そうだったのか劇場
画竜点睛は一枚の絵から生まれた四字熟語
59

読《よ》んで楽《たの》しい、知《し》って役《やく》に立《た》つ四字熟語《よじじゅくご》の由来《ゆらい》をしょうかいしています。

もくじだゾ！

クレヨンしんちゃんの 新版《しんばん》 まんが四字熟語辞典《よじじゅくごじてん》

試行錯誤《しこうさくご》の成果《せいか》だよ
ボ♡

先生《せんせい》いたかった?
だから……いいのよ
いたさなんか感《かん》じないわ

オラはカザマくんのはじけるような肉体《にくたい》がスキー
気色《きしょく》悪《わる》いこと言《い》うな!!

マサオ!! あいとかけおちして!!
やったー!
いきなり大願成就《たいがんじょうじゅ》!

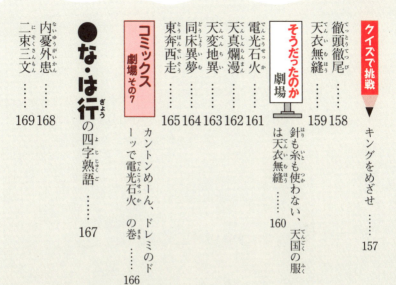

落《お》とさないでよ
立身出世《りっしんしゅっせ》は男《おとこ》の夢《ゆめ》だ！
夢《ゆめ》は大《おお》きい方《ほう》がいいんだよね
そうだな

あ行《ぎょう》の四字熟語《よじじゅくご》

あくせんくとう【悪戦苦闘】
あんちゅうもさく【暗中模索】
いきとうごう【意気投合】
いくどうおん【異口同音】
いしんでんしん【以心伝心】
いちいせんしん【一意専心】
いちいたいすい【一衣帯水】
いちごいちえ【一期一会】
いちじいっく【一字一句】
いちじつせんしゅう【一日千秋】
いちねんほっき【一念発起】

いちぶしじゅう【一部始終】
いちもうだじん【一網打尽】
いちもくりょうぜん【一目瞭然】
いっきいちゆう【一喜一憂】
いっきとうせん【一騎当千】
いっきょりょうとく【一挙両得】
いっこくいちじょう【一国一城】
いっこくせんきん【一刻千金】
いっしょうけんめい【一生懸命】
いっしょくそくはつ【一触即発】
いっしんいったい【一進一退】

いっしんどうたい【一心同体】
いっしんふらん【一心不乱】
いっせきにちょう【一石二鳥】
いっちょういっせき【一朝一夕】
いっちょういったん【一長一短】
いっとうりょうだん【一刀両断】
いみしんちょう【意味深長】
いんがおうほう【因果応報】
うおうさおう【右往左往】
えいこせいすい【栄枯盛衰】
おんこちしん【温故知新】

悪戦苦闘《あくせんくとう》

悪戦《あくせん》=強《つよ》い敵《てき》との苦《くる》しい戦《たたか》い。
苦闘《くとう》=苦《くる》しみながら戦《たたか》う。

意味

苦《くる》しみながら努力《どりょく》する。

類 四苦八苦《しくはっく》（98ページ）

類 粉骨砕身《ふんこつさいしん》（186ページ）

使い方

「やせたい。でも、食《た》べたい」。ここ一週間《いっしゅうかん》、みさえは慣《な》れないダイエットに悪戦苦闘《あくせんくとう》している。

これも覚えよう

七転《ななころ》び八起《やお》き 失敗《しっぱい》を重《かさ》ねても、そのたびに立《た》ち直《なお》る。「まつざか先生《せんせい》、人生《じんせい》は〜。しっかりしろよ」。「七転八起《しちてんはっき》」ともいう。

時間《じかん》がない 行《い》ってくる
あなた 定期《ていき》入《い》れ！
しんちゃん 起《お》きなさい
レッツゴー！ 母《かあ》ちゃん 急《いそ》いでよ！
あんたに 言《い》われたく ないわ！
あ〜!!
あなた、今《いま》、何時《なんじ》だと 思《おも》っているの！ お酒《さけ》くさいわよ
母《かあ》ちゃんは 悪戦苦闘《あくせんくとう》の 一日《いちにち》だった

暗中模索《あんちゅうもさく》

暗中《あんちゅう》＝暗《くら》やみの中《なか》。
模索《もさく》＝手《て》さぐりでさがす。

意味

手《て》がかりがないまま、あれこれとさがす。

類 五里霧中《ごりむちゅう》（89ページ）

使い方

初《はじ》めての町《まち》、初《はじ》めての学校《がっこう》、初《はじ》めての友《とも》だち。引《ひ》っ越《こ》した直後《ちょくご》は右《みぎ》も左《ひだり》もわからず、暗中模索《あんちゅうもさく》の毎日《まいにち》が続《つづ》いた。

これも覚えよう

暗中飛躍《あんちゅうひやく》　こっそりと活動《かつどう》する。略《りゃく》して「暗躍《あんやく》」。「ズルをして勝《か》つために～する人《ひと》もいる」

類 裏工作《うらこうさく》

あみ物《もの》の初心者《しょしんしゃ》
あれを あみたいな
あみもの
この本《ほん》にも ないし
これにも ないわ
あむあむ
暗中模索《あんちゅうもさく》してるわね 何《なに》をあむの？
ワラ人形《にんぎょう》ですか？
これでいいのかな…？
徳郎《とくろう》さんの似顔絵《にがおえ》のセーターをあみたいけどないのよね～ そういうの
愛《あい》ってはじを知《し》らないのね
でもさがすわ

わくわくすれば、暗中模索《あんちゅうもさく》でも覚《おぼ》えられる

許《きょ》さんは文章《ぶんしょう》の達人《たつじん》で、「宰相《さいしょう》」という、今《いま》の総理大臣《そうりだいじん》のような仕事《しごと》をした人物《じんぶつ》でした。けれど、一方《いっぽう》で、皇帝《こうてい》のごきげんとりで、もの忘《わす》れがひどく、会《あ》った人《ひと》たちの顔《かお》や名前《なまえ》を覚《おぼ》えていないことがしょっちゅうありました。

そんな許《きょ》さんに、ある人《ひと》が、忠告《ちゅうこく》しました。

「あなたは、そそっかしくて、ものおぼえが悪《わる》すぎます。たしかに、有名《ゆうめい》でない人《ひと》の名前《なまえ》は覚《おぼ》えづらいかもしれません。しかし、何晏《かあん》などのような昔《むかし》の有名《ゆうめい》な学者《がくしゃ》に出会《であ》うような気持《きも》ちで人《ひと》に接《せっ》すれば、はじめは真《ま》っ暗《くら》やみの中《なか》（＝暗中《あんちゅう》）を手《て》さぐり（＝模索《もさく》）するような状態《じょうたい》でも、やがて自然《しぜん》と相手《あいて》の名前《なまえ》が覚《おぼ》えられるものですよ」。中国《ちゅうごく》の唐《とう》（六一八～九〇七年《ねん》）という時代《じだい》のお話《はなし》です。

このように「暗中模索《あんちゅうもさく》」は、人《ひと》の名前《なまえ》を覚《おぼ》えようとしない人《ひと》をいましめるさいの言葉《ことば》が始《はじ》まりでしたが、今《いま》は、五里霧中《ごりむちゅう》（89ページ）や「つかみどころがない」に近《ちか》い意味《いみ》で使《つか》われることがほとんどです。

意気投合《いきとうごう》

意気《いき》＝性質《せいしつ》や性格《せいかく》。
投合《とうごう》＝ぴったりと合《あ》う。
＊「統合」はまちがい。

意味

おたがいの気持《きも》ちや考《かんが》え方《かた》がぴったりと合《あ》う。気《き》が合《あ》う。

使い方

海外旅行《かいがいりょこう》でオーストラリア人《じん》と出会《であ》った。好《す》きな食《た》べ物《もの》が同《おな》じだったせいか、あっというまに**意気投合**《いきとうごう》して仲《なか》よしになった。

これも覚えよう

息《いき》が合《あ》う　なにかやるときにおたがいの気持《きも》ちがぴったりと合《あ》う。「合唱《がっしょう》はみんなの～ことがポイントです」

ただの石《いし》じゃない汗《あせ》と努力《どりょく》のコレクション
バカにするな
ぼくだっておこづかいをコツコツためて集《あつ》めたんだぞ!!
たかがコレクションでケンカなんてバカバカしいよ
「たかが」じゃないよコレクションに命《いのち》をかけてるんだ!!
意気投合《いきとうごう》したね
うん!
ボクだけ悪者《わるもの》…
めでたしめでたし

異口同音《いくどうおん》

異口《いく》＝いろいろな人《ひと》の口《くち》。いろいろな言葉《ことば》。
同音《どうおん》＝同《おな》じ音《おと》。同《おな》じ言葉《ことば》。

意味

みんなが口《くち》をそろえて同《おな》じことを言《い》う。

使い方

「世《よ》の中《なか》で一番《いちばん》くさいものは？」

みさえやヒロシ、ななこおねえさんは異口同音《いくどうおん》に「しんちゃんのオナラ」と答《こた》えた。

これも覚えよう

「異《い》～同《どう》～」とする四字熟語《よじじゅくご》

異曲同工《いきょくどうこう》／同工異曲《どうこういきょく》 ①音楽《おんがく》などで技術《ぎじゅつ》（工《たくみ》）が同《おな》じでも味《あじ》わい（曲《きょく》）はちがう。②ちがうようにみえて内容《ないよう》は似《に》ている。

楽《たの》しそうですね
みんなが異口同音《いくどうおん》に言《い》うのは…
こわい
幼稚園《ようちえん》の園長《えんちょう》というよりは……こわい
なんかギャングみたいでこわい
ぼ
こ、こわいです
目《め》がこわいのよ
というより顔全体《かおぜんたい》がこわいわ
だから新園児《しんえんじ》とあいさつすると…
あ……
お～ん
根《ね》はいい人《ひと》なんだけど

あ

以心伝心《いしんでんしん》

以心《いしん》＝心《こころ》で。心《こころ》をもって。＊「意心」はまちがい。
伝心《でんしん》＝心《こころ》を伝《つた》える。

意味

言葉《ことば》を使《つか》わなくても、相手《あいて》と気《き》持《も》ちが通《つう》じ合《あ》うこと。

使い方

「シロはおなかがへってるゾ。シロの気《き》持《も》ちは、以心伝心《いしんでんしん》でわかるんだから」と、しんちゃんはいばっていた。

カザマくん いしんでんしんって何《なに》？
でんしんばしら？
以心伝心《いしんでんしん》かぁ
たとえば…
声《こえ》に出《だ》して聞《き》かなくてもボーちゃんの気《き》持《も》ちがわかることかなぁ
石《いし》…
ボーちゃん これ さがしてるの？
あげる
ボッ
ちがうだろ!!
じー
あっ あの目《め》!
リアル ままごと やるわよ の目だ!!
以心伝心《いしんでんしん》おことわり

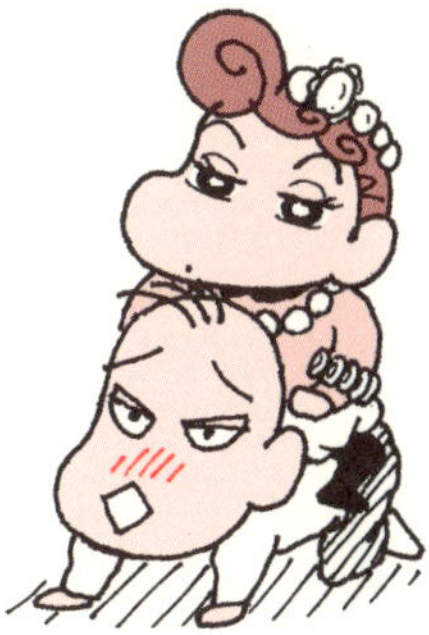

一意専心《いちいせんしん》

一意《いちい》＝いちずなようす。
専心《せんしん》＝一《ひと》つのことに集中《しゅうちゅう》するようす。

意味

ほかのことを気《き》にせず。ひたすら。一《ひと》つのことに心《こころ》を集中《しゅうちゅう》するようす。

類 一心不乱《いっしんふらん》（43ページ）

使い方

野原家《のはらけ》は海水浴《かいすいよく》へ。ビーチについたしんちゃんは**一意専心《いちいせんしん》**、さっそく水着《みずぎ》の女《おんな》の子《こ》をさがしはじめた。

これも覚えよう

気《き》が散《ち》る　いろいろなことが気《き》になり、一《ひと》つのことに集中《しゅうちゅう》できない。「外《そと》の工事《こうじ》の音《おと》で気《き》が散《ち》って、勉強《べんきょう》に集中《しゅうちゅう》できない」

ファイトファイトー!!
ファイヤーッ!!
ボッ
可燃物
うおーっ
ひまわり組《ぐみ》の優勝《ゆうしょう》だぁ!!
火ぶくれ
しいぞう先生《せんせい》は園児《えんじ》と保育《ほいく》に一意専心《いちいせんしん》するいい先生《せんせい》ですね
見《み》ようによっては暑苦《あつくる》しいけどね

一衣帯水《いちいたいすい》

一衣帯《いちいたい》＝一本《いっぽん》の衣服《いふく》の帯《おび》。細《ほそ》く長《なが》いたとえ。
水《すい》＝川《かわ》や海《うみ》などのたとえ。

意味

（両者《りょうしゃ》の間《あいだ》には、一本《いっぽん》の細《ほそ》い川《かわ》のようなへだたりがあるだけで）相《あい》手《て》とのきょりや関係《かんけい》がとても近《ちか》いたとえ。

使い方

世界地図《せかいちず》で見《み》れば、日本《にほん》と韓国《かんこく》、日本《にほん》と中国《ちゅうごく》はそれぞれ日本海《にほんかい》、東《ひがし》シナ海《かい》をはさんで**一衣帯水**《いちいたいすい》をなす、とても近《ちか》い国《くに》に見《み》える。

これも覚えよう

目《め》と鼻《はな》の先《さき》（目《め》と鼻《はな》は近《ちか》くであることから）すぐ近《ちか》くにある。「ようち園《えん》が～にあればいいのに」

会社《かいしゃ》では同《おな》じ課《か》で
……
家《いえ》では、かき根《ね》のすぐ向《む》こう
とても近《ちか》い
わが家《や》と野原家《のはらけ》は…
一衣帯水《いちいたいすい》の関係《かんけい》ね だから…
いっしょに
いただきま～す
さそってない!!

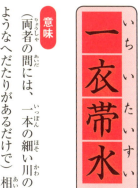

一期一会《いちごいちえ》

一期《いちご》＝（仏教《ぶっきょう》で）生《う》まれてから死《し》ぬまでの間《あいだ》。＊「いっき」とは読《よ》まない。
一会《いちえ》＝一回《いっかい》の出会《であ》い。＊「いっかい」とは読《よ》まない。

意味

一生《いっしょう》に一度《いちど》しかない出会《であ》いやチャンス。

もとは、茶道《さどう》で「お茶《ちゃ》をもてなすときは一生《いっしょう》に一度《いちど》の気持《きも》ちで誠《せい》意《い》をつくしなさい」と教《おし》えた言葉《ことば》から。

使い方

「人《ひと》との出会《であ》いは一期一会《いちごいちえ》。大切《たいせつ》にしなさい」と、ヒロシは父親《ちちおや》らしく話《はな》した。

どうされました？
電話番号《でんわばんごう》教《おし》えてください
シロのしんさつでしょ!!
……
かわいい犬《いぬ》も美《うつく》しいおねいさんも好《す》きです
……
やさしくみてー
どけーっ！
動物病院《どうぶつびょういん》で何《なに》してんの？
チッチッ
きれいなおねいさんとの出会《であ》いは一期一会《いちごいちえ》大切《たいせつ》にしなきゃ

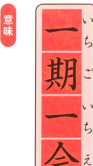

一字一句《いちじいっく》

一字《いちじ》＝一《ひと》つの文字《もじ》。
一句《いっく》＝言葉《ことば》の短《みじか》い区切《くぎ》り。

意味

一《ひと》つひとつの文字《もじ》や言葉《ことば》。

使い方

しんちゃんは、みさえの話《はな》した言葉《ことば》を一字一句《いちじいっく》まねして、からかうのが好《す》きだ。

これも覚えよう

一言一句《いちごんいっく》／一言半句《いちごんはんく》　ほんの少《すこ》しの言葉《ことば》。ひとこと。「彼《かれ》は新《あたら》しいコーチの言葉《ことば》を～も聞《き》きもらすまいと集中《しゅうちゅう》した」

3対《たい》3の対決《たいけつ》だ!!
ブス　バスガイド　バス　ガス爆発《ばくはつ》!!
ブス　バスガイド　バス　ガス爆発《ばくはつ》!!
オ～ッ
おまえのがま口《ぐち》はからがま口《ぐち》だ!!
おまえのがま口《ぐち》はからがま口《ぐち》だ!!
オ～ッ
これは何《なん》の戦《たたか》い？
一字一句《いちじいっく》まちがわずに早口言葉《はやくちことば》対決《たいけつ》さ！

一日千秋《いちじつせんしゅう》

一日《いちじつ》＝一日《いちにち》。＊「いちにち」とも読《よ》む。
千秋《せんしゅう》＝千回《せんかい》の秋《あき》。千年《せんねん》。

意味

とても待《ま》ちこがれていた。

同 一刻千秋《いっこくせんしゅう》

使い方

明日《あす》は五年間《ごねんかん》ためたお金《かね》を使《つか》って、初《はじ》めての海外旅行《かいがいりょこう》に旅立《たびだ》つ日《ひ》。**一日千秋《いちじつせんしゅう》の思《おも》い**でまちこがれていた日《ひ》だ。

これも覚えよう

「一〜千〜」とする四字熟語《よじじゅくご》
一刻千金《いっこくせんきん》（37ページ）。
一望千里《いちぼうせんり》（見晴《みは》らしのよいたとえ）。
一攫千金《いっかくせんきん》（一度《いちど》に大《おお》もうけする）。

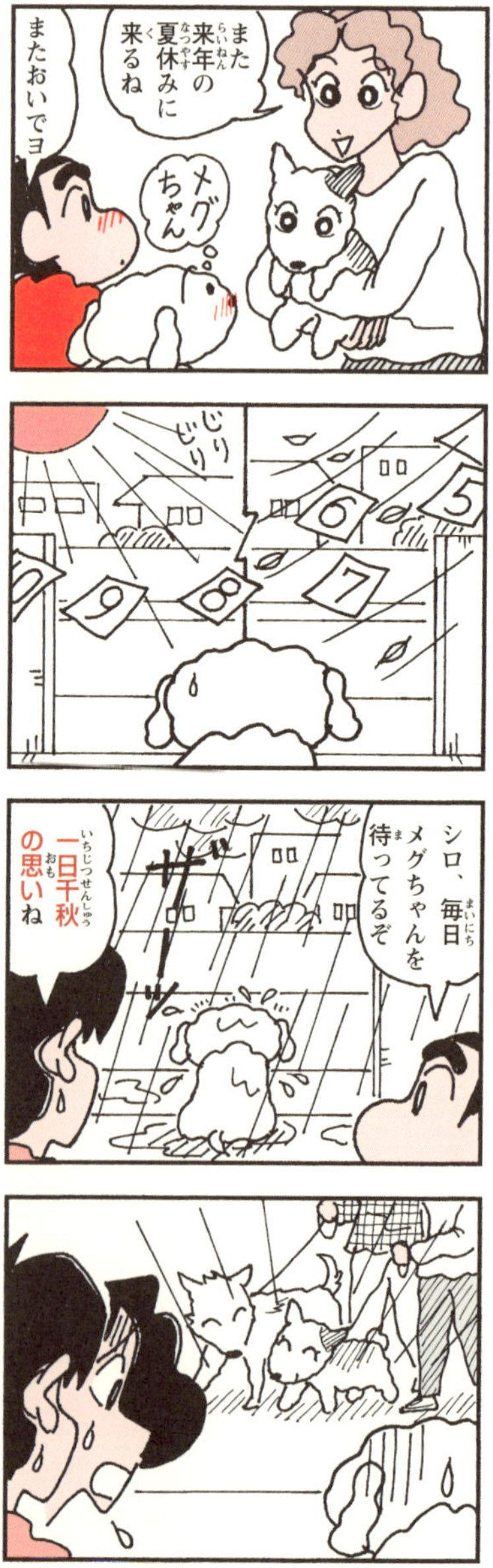

また来年《らいねん》の夏休《なつやす》みに来《く》るね
またおいでヨ
メグちゃん
じりじり
シロ、毎日《まいにち》メグちゃんを待《ま》ってるぞ
ザーッ
一日千秋《いちじつせんしゅう》の思《おも》いね

一念発起《いちねんほっき》

一念《いちねん》＝思《おも》い続《つづ》ける。
発起《ほっき》＝ものごとを始《はじ》める。＊「はっき」とは読《よ》まない。

意味

なにかを成功《せいこう》させようと、新《あたら》しい気《き》持《も》ちで強《つよ》く決《き》める。

使い方

一念発起《いちねんほっき》して「明日《あす》から早起《はやお》きするぞ」と決《き》めたが、一日目《いちにちめ》からねぼうをしてしまった。

これも覚えよう

一念発起《いちねんほっき》、一心不乱《いっしんふらん》（43ページ）、一意専心《いちいせんしん》（22ページ）などの「一」は、「（心《こころ》や意識《いしき》を）ひたすらに」という意味《いみ》。

ハッ
ゴロゴロばかりしてちゃダメよ！
一念発起《いちねんほっき》！もっと時間《じかん》を有意義《ゆういぎ》に使《つか》いましょう!!
オラゆーいぎだぞ
読書《どくしょ》がいいわ
好《す》きな本《ほん》読《よ》んでいい？
いいわよ
プレイボース
イケメンズえほん

四字熟語 コミックス劇場——その1

一《いち》念《ねん》発《ほっ》起《き》

で、商売《しょうばい》はんじょう の巻《まき》

いせいの悪《わる》い
お店《みせ》やさんごっこ
なにーっ!?
ハッ
ダメダメ!!
お店《みせ》は威勢《いせい》がよくなきゃ
店主《てんしゅ》に元気《げんき》がねえと
品物《しなもの》にも 元気《げんき》がなくなり
客《きゃく》も来《こ》なくなっちまう…
ありがとよ
おめーら!!
きょとん
?
八百長
さーーっ
らっしゃーーい!!
さぁ
らっしゃい
らっしゃい!!
ウチの野菜《やさい》は
世界一《せかいいち》
新鮮《しんせん》だ!!
そうだよ!!
客《きゃく》が来《こ》なくなった
一番《いちばん》の原因《げんいん》はオレなんだ!!
オレが 元気《げんき》にならなきゃ!!
奥《おく》さん
どーよ!!
この白菜《はくさい》
奥《おく》さんみたいに
ピチピチだよ!!
たしかに
あそこのスーパー
のより 品質《ひんしつ》
いいわ!! 買《か》った!!
私《わたし》にも
ひとつ
まいど

コミックス40巻《かん》「秋田《あきた》に帰省中《きせいちゅう》～!! じいちゃんとばあちゃんには オラも負《ま》けそう～編《へん》 その5」より

クイズで挑戦　四字熟語

反対《はんたい》の四字熟語《よじじゅくご》はどれ？

これから、四字熟語《よじじゅくご》のクイズを6つ出《だ》すよ。まずは、かんたんなクイズから。反対《はんたい》の意味《いみ》になる上下《じょうげ》の四字熟語《よじじゅくご》を線《せん》で結《むす》んでみよう。

① 平《へい》穏《おん》無《ぶ》事《じ》・　　・杓《しゃく》子《し》定《じょう》規《ぎ》

② 支《し》離《り》滅《めつ》裂《れつ》・　　・泰《たい》然《ぜん》自《じ》若《じゃく》

③ 臨《りん》機《き》応《おう》変《へん》・　　・多《た》事《じ》多《た》難《なん》

④ 一《いっ》喜《き》一《いち》憂《ゆう》・　　・理《り》路《ろ》整《せい》然《ぜん》

★答《こた》えは177ページにあるよ。

一部始終《いちぶしじゅう》

一部《いちぶ》＝一冊《いっさつ》の書物《しょもつ》。ひとまとまり。
始終《しじゅう》＝始《はじ》めと終《お》わり。全部《ぜんぶ》。＊「ししゅう」とは読《よ》まない。

意味

ものごとの始《はじ》めから終《お》わりまでのようす。てんまつ。
もとは、一冊《いっさつ》の本《ほん》の最初《さいしょ》から最《さい》後《ご》までの意味《いみ》。

使い方

しんちゃんの投《な》げたボールが、家《いえ》のガラスを割《わ》り、花《か》だんのチューリップも台《だい》なしに。その一部始《いちぶし》終《じゅう》を見《み》ていたみさえは…。

これも覚えよう

一《いち》から十《じゅう》まで　すべて。始《はじ》めから終《お》わりまで。「コーチは、しんちゃんにサッカーのルールを〜教《おし》えてくれた」

あっ
わあ〜っ
やった!! 懸賞《けんしょう》に当《あ》たった
マリーちゃん なりきりセット
え〜!!
わあ〜お〜
アブラカタブラ
あっ ママ …!!
トオルちゃん ママ、一部始終《いちぶしじゅう》を見《み》てしまったわ
ママもすごいんだけど
サバイバルゲームファン?
なぜ、マリーなの? ママ、悲《かな》しいわ

一網打尽《いちもうだじん》

一網《いちもう》＝あみ（網《あみ》）を一回《いっかい》だけ使《つか》う。
打尽《だじん》＝一匹《いっぴき》も残《のこ》さずにつかまえる。

意味

悪人《あくにん》をその仲間《なかま》といっしょに一《いち》度《ど》に全員《ぜんいん》つかまえる。根《ね》こそぎ。

使い方

きのう、警察《けいさつ》は、通信販売《つうしんはんばい》のインターネットサイトでにせものの商品《しょうひん》を売《う》った十人《じゅうにん》の男《おとこ》たちを、一《いち》網打尽《もうだじん》にした。

これも覚えよう

一掃《いっそう》する　きれいにかたづけてしまう。「母《はは》は家《いえ》の前《まえ》のゴミを一掃《いっそう》した」

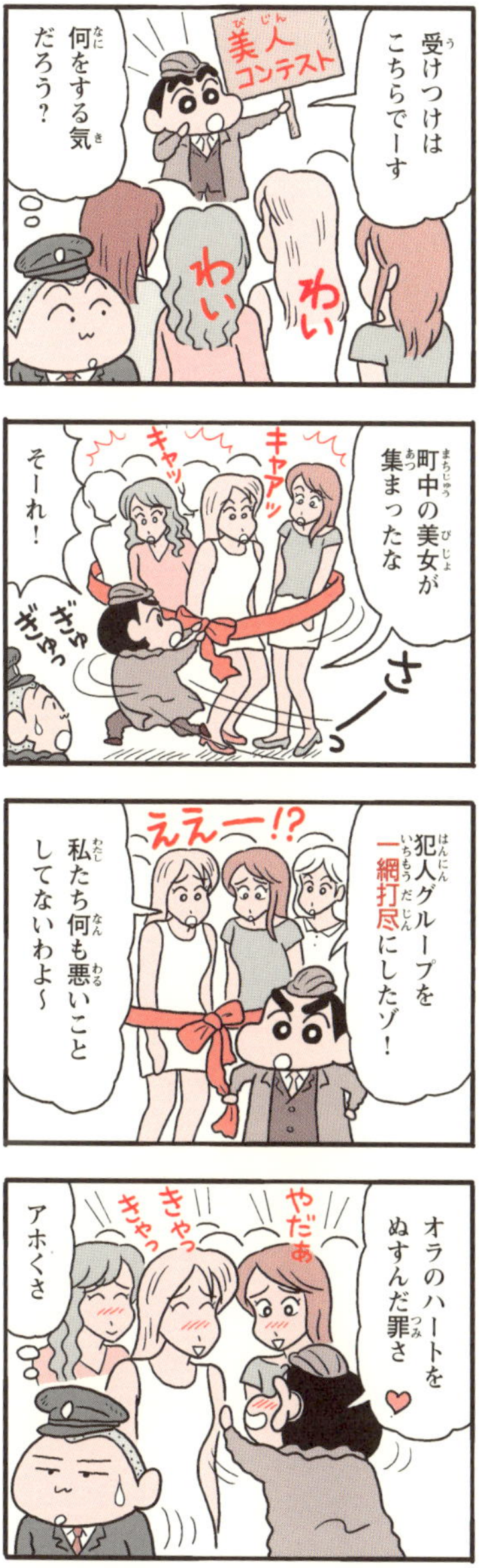

美人《びじん》コンテスト
受《う》けつけはこちらでーす
わい
わい
何《なに》をする気《き》だろう？
町中《まちじゅう》の美女《びじょ》が集《あつ》まったな
キャアッ
キャッ
そーれ！
ぎゅ
ぎゅっ
さー
ええー!?
犯人《はんにん》グループを一網打尽《いちもうだじん》にしたゾ！
私《わたし》たち何《なん》も悪《わる》いことしてないわよ～
オラのハートをぬすんだ罪《つみ》さ
やだあ
きゃっ
きゃっ
アホくさ

一目瞭然《いちもくりょうぜん》

一目《いちもく》＝一回《いっかい》だけ見《み》る。
瞭然《りょうぜん》＝明《あき》らかな。はっきりしているようす。

意味

ひと目《め》で、はっきりわかる。疑《うたが》いようがない。

使い方

変《へん》そうごっこで、しんちゃんの正体《しょうたい》がバレた。「どうしてわかったんだあ？」「だって、おしりを出《だ》してるんだもん。**一目瞭然**《いちもくりょうぜん》だよ！」

これも覚えよう

疑問《ぎもん》の余地《よち》はない　明《あき》らかで、かくしようがない。「富士山《ふじさん》は日本《にっぽん》一高《いちたか》い山《やま》。これに〜」

てゆーか
屈底厚子《くつぞこあつこ》と
アツミなんだけど
モロダシ共和国《きょうわこく》のオマタ王子《おうじ》ですぜ
きさまら
そのパパだ
おんどれら
えいっ
とおっ
親子《おやこ》って
ホント
一目瞭然《いちもくりょうぜん》ね

一喜一憂《いっきいちゅう》

一喜《いっき》＝喜《よろこ》び。うれしいこと。
一憂《いちゅう》＝心配《しんぱい》ごと。気《き》になるできごと。

意味

変化《へんか》に応《おう》じて、いちいち喜《よろこ》んだり心配《しんぱい》したりするようす。

使い方

「百点《ひゃくてん》がとれた！」と喜《よろこ》び、「五十点《ごじってん》だった」と悲《かな》しむ。テストの点《てん》に**一喜一憂**《いっきいちゅう》するのは、だれでも同《おな》じだ。

これも覚えよう

対 **泰然自若**《たいぜんじじゃく》 どっしりと落《お》ちついているようす。「おじいちゃんは、地震《じしん》のときでも～としていた」

親方《おやかた》どうしたの？
天子《てんこ》さんとケンカしたのよ
また仕事《しごと》がおくれるわ
フンフン
よかった、仲直《なかなお》りしたのね
親方《おやかた》、元気《げんき》ないぞ
仲直《なかなお》りとケンカのたびに一喜一憂《いっきいちゅう》しているのよ

一騎当千《いっきとうせん》

一騎《いっき》＝馬《うま》にのった一人《ひとり》の武士《ぶし》。当千《とうせん》＝千人《せんにん》に相当《そうとう》する。＊「とうぜん」とも読《よ》む。

意味

人《ひと》なみはずれた能力《のうりょく》や勇気《ゆうき》をもっていること。勇者《ゆうしゃ》をほめる言葉《ことば》。

使い方

「勝目《かちめ》はない。負《ま》ける」エイリアン軍《ぐん》を相手《あいて》にした地球《ちきゅう》防衛隊《ぼうえいたい》のだれもが、そう思《おも》った。そのとき、一人《ひとり》の兵士《へいし》が一騎当千《いっきとうせん》の戦《たたか》いぶりをみせ、敵機《てっき》を次々《つぎつぎ》にうち落《お》としはじめた。

実《じつ》はスーザンはとても大《おお》きな会社《かいしゃ》の社長《しゃちょう》で
これが売《う》れるぞもっと仕入《しい》れるんだぞ
なるほどさすが父《とう》さん
世界一優秀《せかいいちゆうしゅう》な軍隊《ぐんたい》の元隊員《もとたいいん》で
部隊《ぶたい》ノ司令官《しれいかん》ニナッテクレナイカ！
ことわる
センパイ、数千人《すうせんにん》の族《ぞく》をどうやってまとめていたんすか？
気合《きあ》いさ
大《おお》きな暴走族《ぼうそうぞく》の初代族長《しょだいぞくちょう》だった
どこでも一騎当千《いっきとうせん》の有能《ゆうのう》な人《ひと》だったのね〜
ねえ似合《にあ》う？
見《み》えないな〜

一挙両得《いっきょりょうとく》

一挙《いっきょ》＝一回《いっかい》の動作《どうさ》・行動《こうどう》。
両得《りょうとく》＝二《ふた》つの利益《りえき》。

意味

一《ひと》つのことをして、同時《どうじ》に二《ふた》つの得《とく》をする。

類 一石二鳥《いっせきにちょう》（44ページ）

使い方

ヒロシが英会話《えいかいわ》に通《かよ》い出《だ》した。「先生《せんせい》が美人《びじん》で、英語《えいご》も勉強《べんきょう》できる。これぞ一挙両得《いっきょりょうとく》！」

これも覚えよう

二兎《にと》を追《お》う者《もの》は一兎《いっと》をも得《え》ず　二《ふた》つのことを同時《どうじ》にしようとする者《もの》は、一《ひと》つも成功《せいこう》させることができない。「あれもこれも欲《ほ》しがってはダメ。～だよ」

大好《だいす》きな♥魔女《まじょ》っ子《こ》マリーちゃんのプリンを食《た》べて
おぉぉ〜！
懸賞《けんしょう》に当《あ》たったんだ このセット 一挙両得《いっきょりょうとく》だよ！
不思議魔女っ子マリーちゃんなりきりセット
それってコスプレでしょ？
何《なに》に使《つか》うの？
石《いし》も入《はい》ってる？
どうしようボクが着《き》たいからなんて言《い》えないし…
カザマくん、オラといっしょにコスプレしよう!!
……

一国一城《いっこくいちじょう》

一国《いっこく》＝一《ひと》つの国《くに》。
一城《いちじょう》＝一《ひと》つの城《しろ》。

意味

外《そと》から立《た》ち入《い》られずに、独立《どくりつ》しているようすのたとえ。

使い方

自分《じぶん》の家《いえ》を建《た》てたとき、父《ちち》から言《い》われた。「これで、おまえも一《いっ》国一城《こくいちじょう》の主《あるじ》だ」

これも覚えよう

「一～一～」とする四字熟語《よじじゅくご》

一字一句《いちじいっく》（25ページ）
一喜一憂《いっきいちゆう》（33ページ）
一進一退《いっしんいったい》（41ページ）
一長一短《いっちょういったん》（48ページ）

新居《しんきょ》が完成《かんせい》！
オレもこれで一国一城《いっこくいちじょう》の主《あるじ》だな
昔《むかし》だったらお殿《との》さまね！
父《とう》ちゃんが殿《との》さまならオラは若殿《わかとの》だな
よっ ばか殿《との》
殿《との》さまって美人《びじん》に囲《かこ》まれているよねー
おぬしも悪《わる》よの～♥

一刻千金《いっこくせんきん》

一刻《いっこく》＝わずかの時間《じかん》。
千金《せんきん》＝大金《たいきん》にあたいする。貴重《きちょう》な。

意味

わずかだが、とても貴重《きちょう》な時間《じかん》。

使い方

あこがれの大《だい》リーガー、あこがれの名選手《めいせんしゅ》が目《め》の前《まえ》に！　空港《くうこう》でのぐう然《ぜん》の出合《であ》いには一刻千金《いっこくせんきん》の価値《かち》があった。

これも覚えよう

時《とき》は金《かね》なり　時間《じかん》はお金《かね》と同《おな》じように大切《たいせつ》である。「せっかくの日《にち》曜日《ようび》をむだにするなんて、もったいない。～だよ」

ひまわりちゃん大《おお》きくなったとねぇ
しんのすけもよく来《き》たたい
ガァア ガァア
きゃ きゃ
ひまわりと入《はい》るフロは一刻千金《いっこくせんきん》たい
ぶくぶく ぼこ
くさ…
このおフロはいいにおいがするたい～

一生懸命《いっしょうけんめい》

一生《いっしょう》＝人《ひと》が生《う》まれてから死《し》ぬまでの期間《きかん》。
懸命《けんめい》＝力《ちから》いっぱい努力《どりょく》する。

意味

ほかのことにわき目《め》をふらず、命《いのち》がけでものごとに取《と》り組《く》む。「一所懸命《いっしょけんめい》」から生《う》まれた四字熟語《よじじゅくご》（39ページ）。

類 切磋琢磨《せっさたくま》（132ページ）

使い方

今年《ことし》こそはソフトボールの地区《ちく》大会《たいかい》で優勝《ゆうしょう》して、みんなを見返《みかえ》してやりたい。そんな目標《もくひょう》を心《こころ》にひめ、練習《れんしゅう》に**一生懸命《いっしょうけんめい》**はげんだ。

ボクは毎日《まいにち》進学塾《しんがくじゅく》に通《かよ》っています
夜《よる》もおそくまで勉強《べんきょう》しています
トオルちゃんがんばってるわね
一生懸命《いっしょうけんめい》に勉強《べんきょう》して必《かなら》ずエリートになってやるんだ
!!
犬《いぬ》のウンコふんでるぞ
わぁ～
ウンコがいいね
グシャ

カザマくんの
そうだったのか 四字熟語 劇場《げきじょう》

一生懸命《いっしょうけんめい》は、はじめ「一所懸命《いっしょけんめい》」だった！

「一所懸命《いっしょけんめい》」という言葉《ことば》は、今《いま》から四〇〇～八〇〇年《ねん》ほど前《まえ》、日本《にほん》で武士《ぶし》が活躍《かつやく》していた時代《じだい》にすでにありました。

武士《ぶし》たちは、領主《りょうしゅ》からもらった土地《とち》（領地《りょうち》）を守《まも》ることで生活《せいかつ》していました。先祖代々《せんぞだいだい》ひきついできた大切《たいせつ》な領地《りょうち》を、命《いのち》を懸《か》けて守《まも》りぬき、さらにその領地《りょうち》を、子《こ》や孫《まご》たちへ伝《つた》えていくのが彼《かれ》らの使《し》命《めい》でした。一族《いちぞく》の命《いのち》が懸《か》かっているその領地《りょうち》を、彼《かれ》らは、「一所懸命《いっしょけんめい》の土地《とち》」とも呼《よ》んでいました。

「一所《いっしょ》」とは、一《ひと》つの領地《りょうち》。

「懸命《けんめい》」は命《いのち》を懸《か》けるということです。

江戸時代《えどじだい》に「いっしょ」が「いっしょう」と発音《はつおん》されるようになると、「一生《いっしょう》」の字《じ》が使《つか》われるようになりました。「一《いっ》所懸命《しょけんめい》」よりも「一生懸命《いっしょうけんめい》」のほうが、「命《いのち》がけでものごとをする様子《ようす》」「全力《ぜんりょく》でやる様子《ようす》」といった、この言葉《ことば》の意味《いみ》がもっと伝《つた》わりそうだ——。「一所《いっしょ》」が「一《いっ》生《しょう》」へと変《か》わったのは、この言葉《ことば》を使《つか》ってきた人《ひと》たちが、そう思《おも》ったからかもしれません。

一触即発《いっしょくそくはつ》

一触《いっしょく》＝ちょっとふれる。
即発《そくはつ》＝すぐに爆発《ばくはつ》しそうな状態《じょうたい》。

意味

小《ちい》さなことがきっかけで、重大《じゅうだい》なことが起《お》きそうな危険《きけん》な状態《じょうたい》。

使い方

試合前《しあいまえ》の記者会見《きしゃかいけん》。闘志《とうし》みなぎる二人《ふたり》のレスラーは、あく手《しゅ》のあと、**一触即発《いっしょくそくはつ》**の状態《じょうたい》に。あわやつかみあいが始《はじ》まる寸前《すんぜん》だった。

これも覚えよう

火《ひ》に油《あぶら》をそそぐ 勢《いきお》いのあるものをさらに激《はげ》しくする行《おこな》い。「おこっている父《ちち》に何《なに》を言《い》っても、～だけだ」

バスは自分《じぶん》の好《す》きな席《せき》にすわっていいのよね！
酔《よ》うからタイヤの上《うえ》がいいのよ
ベラベラ
うるさいなあ…
母《かあ》ちゃんがうるさいって
なによ
おばさんだけじゃないのよツアーに参加《さんか》してるのは!!
「おばさん」ってあんただっておばさんじゃない!!
なんですって私《わたし》のどこがおばさんよ
ヤバッ
一触即発《いっしょくそくはつ》だ…!!

一進一退《いっしんいったい》

一進《いっしん》＝少《すこ》し前《まえ》に進《すす》む。
一退《いったい》＝少《すこ》し後《うし》ろに下《さ》がる。

意味

進《すす》んだり退《しりぞ》いたりする。良《よ》くなったり悪《わる》くなったりする。

使い方

おばあちゃんが病気《びょうき》になった。二《に》、三日《さんにち》、体《からだ》の具合《ぐあい》は一進一退《いっしんいったい》だったけど、その後《あと》に元気《げんき》になり、みんなも安心《あんしん》した。

これも覚えよう

追《お》いつ追《お》われつ 追《お》いかけたり追《お》いかけられたりして勝負《しょうぶ》がつかないようす。「クラス別《べつ》リレーは～の好《こう》レースだった」

おーえす!
おーえす!
わーっ
ズッ
ズッ
いい勝負《しょうぶ》ね がんばれ しんのすけ!
ほんと 一進一退《いっしんいったい》だな
お゛ーっ
フーッ
パッ

一心同体《いっしんどうたい》

一心《いっしん》＝一《ひと》つの心《こころ》。同《おな》じ思《おも》いでいるようす。＊「一身」はまちがい。
同体《どうたい》＝一《ひと》つの体《からだ》。

意味

複数《ふくすう》の人《ひと》が同《おな》じ思《おも》いで行動《こうどう》する。

使い方

ミッチーとヨシりんは、よくけんかをする。でも、どちらかが困《こま》ったら、もう一方《いっぽう》が助《たす》ける。ふたりは**一心同体**《いっしんどうたい》だから、だれよりも強《つよ》く結《むす》ばれているんだ。

これも覚えよう

一心《いっしん》**に**　ひたすら。「彼《かれ》は家族《かぞく》を幸《しあわ》せにするため、～仕事《しごと》をした」

愛《あい》するミッチーとはなれたくない♥
わたしだって♥
これならボクたち一心同体《いっしんどうたい》だね♥
いつもいっしょにいられるわ♥
イチャイチャ
イチャイチャ
オラもななこちゃんと一《ひと》つになりたい！
……

一心不乱《いっしんふらん》

一心《いっしん》＝一《ひと》つの心《こころ》。ひたすら。
不乱《ふらん》＝まどわされない。

意味

一《ひと》つのことに集中《しゅうちゅう》して、夢中《むちゅう》で取《と》り組《く》む。

類 一意専心《いちいせんしん》（22ページ）

使い方

「ランプより明《あか》るい明《あ》かりをつくりたい」。エジソンはねる時間《じかん》や食事《しょくじ》の時間《じかん》もけずって一心不乱《いっしんふらん》に研究《けん》に打《う》ちこみ、一八七九年《ねん》に白熱《はくねつ》電球《でんきゅう》を発明《はつめい》した。

これも覚えよう

わき目《め》もふらず よそ見《み》をしないで。「ヒロシは昇進《しょうしん》試験《しけん》でいい点《てん》を取《と》るため、〜に勉強《べんきょう》した」

上尾《あげお》先生《せんせい》
上尾《あげお》先生《せんせい》っ！
聞《き》こえないみたい
一心不乱《いっしんふらん》だわ
園児《えんじ》のことを考《かんが》えているのよ。えらいわ
ますみ！何《なに》してるの？
えっ！
エヘ
ジョージの洋服《ようふく》を作《つく》っていたんです寒《さむ》くなったし…♥
お。パンツ

一石二鳥《いっせきにちょう》

一石《いっせき》＝一《ひと》つの石《いし》。
二鳥《にちょう》＝二羽《にわ》の鳥《とり》。

意味
一《ひと》つのことをして、同時《どうじ》に二《ふた》つの得《とく》をする。

類 一挙両得《いっきょりょうとく》（35ページ）

使い方
しんちゃんは洗濯機《せんたくき》に、洗剤《せんざい》と入浴剤《にゅうよくざい》を入《い》れてこう言《い》った。「これで、お洋服《ようふく》のよごれとかたこりが同時《どうじ》にとれる。一石二鳥《いっせきにちょう》のグッド・アイデアだぞ」

これも覚えよう
虻蜂取《あぶはちと》らず 二《ふた》つ（虻《あぶ》と蜂《はち》）を同《どう》時《じ》に手《て》に入《い》れようとして、結局《けっきょく》どちらも手《て》に入《い》れられない。「欲《よく》ばると、～になるぞ」

ふんっ ふんっ
びゅっ びゅっ
とおっ
どりゃあっ
母《かあ》ちゃん何《なに》してるの？
体力《たいりょく》づくりよ
ほほほ
ダイエットにもなって一石二鳥《いっせきにちょう》だわ！
それは表向《おもてむ》きで…
この名刺《めいし》はなに!! またキャバクラ行《い》ったわね
ぐえぇっ
これが本当《ほんとう》の目的《もくてき》では？

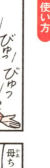

一朝一夕《いっちょういっせき》

一朝《いっちょう》＝ひと朝《あさ》。「一朝《いっちょう》」も「一夕《いっせき》」も、ともに「わずかな間《あいだ》」という意味《いみ》。
一夕《いっせき》＝ひと晩《ばん》。＊「いちゆう」とは読《よ》まない。

意味

すぐに。
「〜にはできない」というようにひてい的《てき》な意味《いみ》で使《つか》うことが多《おお》い。

使い方

しんちゃんは今日《きょう》もみんなの前《まえ》で、ケツだけ星人《せいじん》のギャグをとばす。これはもって生《う》まれた性格《せいかく》だから、一朝一夕《いっちょういっせき》には直《なお》らない。

これも覚えよう

一朝《いっちょう》 わずかな時間《じかん》。「交通事故《こうつうじこ》は〜にしてなくなるものではない」

強《つよ》くなるには、毎日《まいにち》一生懸命《いっしょうけんめい》にけいこをつづけることだ
一朝一夕《いっちょういっせき》には強《つよ》くなれないぞ！
はい！わかりました！
めん！
めん！
すぶり始《はじ》め！
何《なに》をしておる！
一朝一夕《いっちょういっせき》にはできない技《わざ》だ

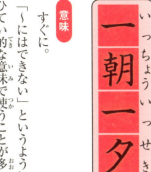

四字熟語コミックス劇場——その２

ウサギとぼくは一《いっ》心《しん》同《どう》体《たい》の巻《まき》

ボクとウサギはニンジン好《ず》きという共通点《きょうつうてん》がある!!
キャンプファイヤー
くるっ
がばっ
だから きっと仲《なか》よくなれる!!
はっ…
ぬがしっ
イヤーン ちくび見《み》ないでくっ
キャンプファイヤ
ウサギとボクは一心同体《いっしんどうたい》!!
かわいい♥
キュン♥
♪
ウサギってかわいいな!! わっはっはっはっ
やったね先生《せんせい》 わーい わーい

コミックス42巻《かん》「さよなら!!ファイヤー!! 熱繰先生《あつくるせんせい》 カンバッ——ク!!編《へん》 その1」より

クイズで挑戦　四字熟語

□と○に入《はい》る漢字《かんじ》はなに？

①～④の□と○には、それぞれ同《おな》じ漢字《かんじ》が入《はい》るんだな。どんな漢字《かんじ》かわかるかな。

①
再《さい》□再《さい》○
朝《ちょう》□暮《ぼ》○

②
□死《し》○生《しょう》
□信《しん》○疑《ぎ》

③
□眠《みん》○休《きゅう》
□老《ろう》○死《し》

④
本《ほん》末《まつ》□○
主《しゅ》客《かく》□○

★答《こた》えは177ページにあるよ。

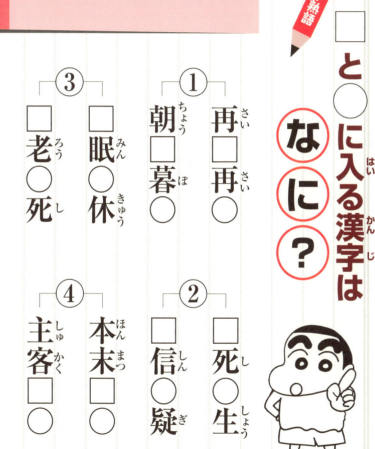

一長一短《いっちょういったん》

一長《いっちょう》＝良《よ》いところ。長所《ちょうしょ》。
一短《いったん》＝悪《わる》いところ。短所《たんしょ》。

意味

良《よ》いところも、悪《わる》いところもある。

使い方

「このおねいさんは美人《びじん》だけど性《せい》格《かく》が悪《わる》そう。となりのおねいさんは元気《げんき》がいいけれど洋服《ようふく》のセンスが…。どっちも**一長一短**《いっちょういったん》だな」って、電車《でんしゃ》の中《なか》で声《こえ》に出《だ》して言《い》わないの、しんちゃん！

これも覚えよう

帯《おび》に短《みじか》し襷《たすき》に長《なが》し　中途《ちゅうと》はんぱで役《やく》に立《た》たない。「スイカを切《き》るには小《ちい》さいが、リンゴを切《き》るには大《おお》きい。このナイフは～だ」

むさえは、他《ほか》の人《ひと》よりきれいな写真《しゃしん》がとれる
これが長所《ちょうしょ》
ふわ～あ
けど、グータラで生活《せいかつ》はだらしない
これが短所《たんしょ》
それにひきかえみさえには
スー
長所《ちょうしょ》がない…

一刀両断《いっとうりょうだん》

一刀《いっとう》＝刀《かたな》を一回《いっかい》ふりおろす。
両断《りょうだん》＝スパッと二《ふた》つに切《き》る。

意味

思《おも》いきりよく、すぐに断固《だんこ》たるしょちをする。

使い方

「先生《せんせい》がえこひいきする」「好《す》きな男子《だんし》に声《こえ》をかけられない」。こんな小学生《しょうがくせい》のなやみを**一刀両断**《いっとうりょうだん》に解決《かいけつ》してくれる人《ひと》、いないかなあ。

これも覚えよう

類 快刀乱麻《かいとうらんま》　もつれた糸《いと》を切《き》れ味《あじ》するどい刀《かたな》で断《た》ち切《き》る。ものごとをテキパキと処理《しょり》するたとえ。「～を断《た》って、いざこざが消《き》えた」

おれたちと遊《あそ》ぼうよ
しつこいなぁ～！
さあ行《い》こ
あっ！ななこちゃんがピーンチ!!
わたしが彼氏《かれし》よ!!
どぉ～っ
ごめんなさ～い！
待《ま》て～！
一刀両断《いっとうりょうだん》ね ありがとう
こんなことさせないでよ～

意味深長《いみしんちょう》

意味《いみ》＝言葉《ことば》や文章《ぶんしょう》で表《あらわ》す内容《ないよう》。
深長《しんちょう》＝奥《おく》が深《ふか》いようす。

意味

裏《うら》に別《べつ》の意味《いみ》がかくされているようす。
「意味深《いみしん》」ともいう。

使い方

二月十四日《にがつじゅうよっか》のバレンタインデー。「あのお…」と顔《かお》を赤《あか》らめる女子《じょし》の**意味深長**《いみしんちょう》な態度《たいど》に、男子《だんし》はだれでもどきどきする。

これも覚えよう

裏《うら》をかく　相手《あいて》の考《かんが》えていない行動《こうどう》をする。「相手《あいて》チームの～シュートで、見事《みごと》ゴールが決《き》まった」

おいしそ～いただきま～す!!
いっぱい食《た》べてね
ななこちゃんのカレーは世界一《せかいいち》！うまい♥
もぐもぐ
毎日《まいにち》食《た》べたいな！
ほんと？うれしいわ！
わたしも毎日《まいにち》作《つく》ってあげたいな♥
意味深長《いみしんちょう》なこと言《い》うから笑《わら》いながら気絶《きぜつ》しちゃったわよ
……

因果応報《いんがおうほう》

因果《いんが》＝原因《げんいん》と結果《けっか》。
応報《おうほう》＝行《おこな》いの善悪《ぜんあく》に応《おう》じて受《う》けるむくい。

意味

良《よ》い行《おこな》いに対《たい》しては良《よ》いむくいが、悪《わる》い行《おこな》いには悪《わる》いむくいがあるという考《かんが》え。

使い方

「さるかに合戦《かっせん》」は、ずるいさるがかにをだまして殺《ころ》したために、殺《ころ》されたかにの子《こ》どもに仕返《しかえ》しされる、**因果応報**《いんがおうほう》の昔話《むかしばなし》だ。

これも覚えよう

仏教《ぶっきょう》で言《い》う「因果《いんが》」は、前世《ぜんせ》における善悪《ぜんあく》の因縁《いんねん》に応《おう》じて、今《いま》（この世《よ》）を生《い》きる自分《じぶん》のあり方《かた》が変《か》わることを指《さ》す。

一週間前《いっしゅうかんまえ》
すてきな洋服《ようふく》でしょ？
来週《らいしゅう》友《とも》だちの結婚式《けっこんしき》に着《き》てくの
似合《にあ》ってるよ
ハハハ
パクパク
ケーキ食《た》べ放題《ほうだい》最高《さいこう》！
ガッガッ
おいしいわねー
!!
…
お菓子
クッキー
チョコレート
ビスケット
パイ
母《かあ》ちゃんのマイお菓子《かし》片《かた》づけてよ
当日《とうじつ》
お菓子《かし》の食《た》べすぎでお気《き》に入《い》りが着《き》られないんだって
因果応報《いんがおうほう》だな

右往左往《うおうさおう》

右往《うおう》＝右《みぎ》へ行《い》く。
左往《さおう》＝左《ひだり》へ行《い》く。

意味

あわてふためいて、右《みぎ》へ行《い》ったり左《ひだり》へ行《い》ったりして混乱《こんらん》するようす。

使い方

学校中《がっこうじゅう》の電気《でんき》が消《き》えた。いきなりの停電《ていでん》に、先生方《せんせいがた》は校舎《こうしゃ》の中《なか》をあわただしく右往左往《うおうさおう》していた。

これも覚えよう

地《ち》に足《あし》が着《つ》かない 行動《こうどう》がうわついていて、心《こころ》がそこにないようす。「緊張《きんちょう》しすぎて～」

右往左往《うおうさおう》してどうしたの？
大《おお》きなうんちが追《お》いかけてくるの～!!
うんちマン参上《さんじょう》！

栄枯盛衰《えいこせいすい》

栄枯《えいこ》＝栄《さか》えたりおとろえたりする。草木《くさき》の茂《しげ》ることと枯《か》れること。
盛衰《せいすい》＝盛《さか》んになったりおとろえたりする。

意味

人生《じんせい》やものごとにはすべて、盛《さか》んな時期《じき》とおとろえる時期《じき》がある。

使い方

昔《むかし》はたくさんのお客《きゃく》さんでにぎわった駅前《えきまえ》の書店《しょてん》が、閉店《へいてん》してしまった。これも、栄枯盛衰《えいこせいすい》のひとつだ。

これも覚えよう

類 **盛者必衰《じょうしゃひっすい》** 勢《いきお》いが盛《さか》んな者《もの》も、いつか必《かなら》ずおとろえる。「アイドルの人気《にんき》はいつか落《お》ちる。これは～のことわりだ」

ほー
あいちゃんってお金持《かねも》ちだよね
大富豪《だいふごう》っていうんだよ
ぼっ
けっ
今《いま》はそうでも栄枯盛衰《えいこせいすい》は世《よ》の常《つね》ですから
将来《しょうらい》はわかりませんわん
黒磯《くろいそ》が待《ま》っています
わかりました
苦労《くろう》をかけますね
いいえお嬢様《じょうさま》!
内職《ないしょく》がんばりましょう!

温故知新《おんこちしん》

温故《おんこ》＝昔《むかし》のこと（故《こ》）を調《しら》べる。＊「温古」はまちがい。
知新《ちしん》＝新《あたら》しい知識《ちしき》を身《み》につける。

意味

昔《むかし》のことを調《しら》べて、新《あたら》しい知識《ちしき》や考《かんが》え方《かた》を身《み》につける。

使い方

大工《だいく》のコージ君《くん》は休日《きゅうじつ》、昔《むかし》の建《たて》物《もの》を見《み》に行《い》く。「昔《むかし》のくぎの打《う》ち方《かた》やかべの仕上《しあ》げには見習《みなら》うべき点《てん》がある。温故知新《おんこちしん》だよ」

これも覚えよう

故《ふる》きを温《たず》ねて新《あたら》しきを知《し》る　「論《ろん》語《ご》」（中国《ちゅうごく》の古《ふる》い本《ほん》）にある、温《おん》故知新《こちしん》のもとの言葉《ことば》。「故《ふる》きを温《あたた》めて～」とも読《よ》む。

じいちゃん あれはなに？
いろり じゃよ
いろり はな…
昔《むかし》はいろりの火《ひ》で お湯《ゆ》をわかしたり 体《からだ》を温《あたた》めたり
今《いま》のコンロや ストーブの役《やく》を 果《は》たしたんだ！
ほー！
オラのセリフを…
その仕組《しく》みを 勉強《べんきょう》して I・Hいろりを 作《つく》ったんだよ
これぞ、温故知新《おんこちしん》ね
ウンコ 痔《じ》ちん？
温故《おんこ》よ!!

か
行《ぎょう》の四《よ》字《じ》熟《じゅく》語《ご》

がしんしょうたん【臥薪嘗胆】
がでんいんすい【我田引水】
がりょうてんせい【画竜点睛】
かんこんそうさい【冠婚葬祭】
かんぜんちょうあく【勧善懲悪】
かんぜんむけつ【完全無欠】
ききいっぱつ【危機一髪】
きしかいせい【起死回生】
きしょうてんけつ【起承転結】
きしょくまんめん【喜色満面】

ぎしんあんき【疑心暗鬼】
きそうてんがい【奇想天外】
きどあいらく【喜怒哀楽】
ぎゅういんばしょく【牛飲馬食】
きゅうてんちょっか【急転直下】
きょうみしんしん【興味津津】
ぎょくせきこんこう【玉石混交】
くうぜんぜつご【空前絶後】
くんしひょうへん【君子豹変】
げんこういっち【言行一致】

けんどちょうらい【捲土重来】
こうへいむし【公平無私】
こうめいせいだい【公明正大】
ごえつどうしゅう【呉越同舟】
ここんとうざい【古今東西】
ごしょうだいじ【後生大事】
こりつむえん【孤立無援】
ごりむちゅう【五里霧中】
ごんごどうだん【言語道断】

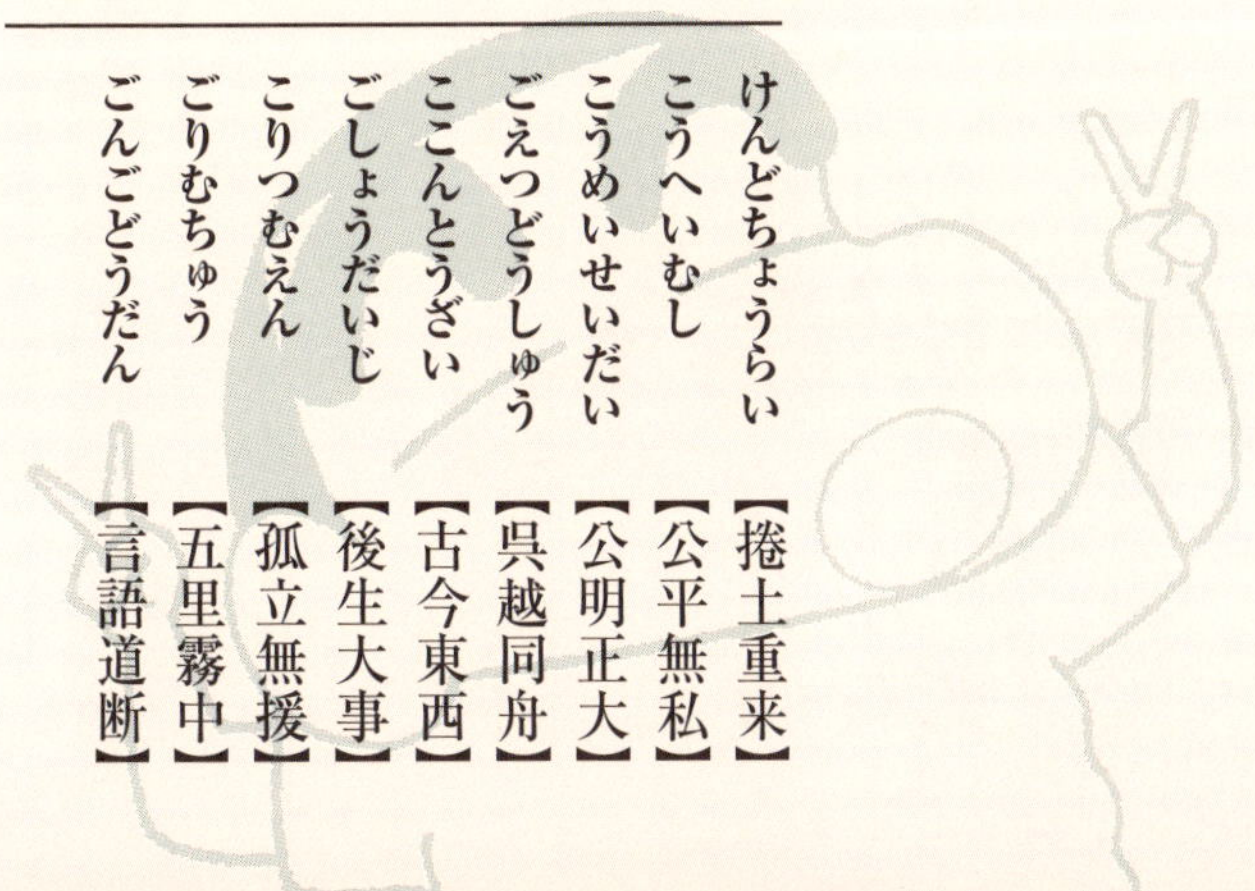

臥薪嘗胆《がしんしょうたん》

臥薪《がしん》＝（角《かど》がとがって痛《いた》い）たきぎの上《うえ》にねる。
嘗胆《しょうたん》＝苦《にが》い胆《きも》をなめる。

意味

目的《もくてき》を達成《たっせい》するために、苦《くる》しい努力《どりょく》を長《なが》い間続《あいだつづ》ける。

使い方

去年《きょねん》は決勝戦《けっしょうせん》でライバルチームに負《ま》けた。とてもくやしかった。だから、この一年《いちねん》は臥薪嘗胆《がしんしょうたん》の心《こころ》意気《いき》で厳《きび》しい練習《れんしゅう》にたえてきた。

これも覚えよう

由来《ゆらい》は、昔《むかし》の中国《ちゅうごく》で戦争《せんそう》に負《ま》けた王様《おうさま》が、たきぎ（薪）の上《うえ》にね（臥）る痛《いた》みで敗戦《はいせん》を忘《わす》れまいとしたことと、復讐《ふくしゅう》された王様《おうさま》が、動物《どうぶつ》の苦《にが》い胆《きも》（内臓《ないぞう》）をなめてくつじょくにたえたことによる。

今年《ことし》こそ東大《とうだい》に合格《ごうかく》するぞ
グウ〜
カリ カリ カリ
空腹《くうふく》にたえて…
ゆうわくにも負《ま》けず
美少女写真集
み見たい
暑《あつ》い夏《なつ》を乗《の》りこえ…
カリ カリカリ カリカリ
雨《あま》もりの中《なか》でも勉強《べんきょう》した…！
臥薪嘗胆《がしんしょうたん》の気持《きも》ちでがんばった!!
そして、ついに東大合格《とうだいごうかく》！
合コンができる♡
東大《とうだい》って
いやぁ〜
東京《とうきょう》カスカビアン産業大学《さんぎょうだいがく》でしょ？
わぁ〜い！東大東大！

か

我田引水《がでんいんすい》

我田《がでん》＝自分《じぶん》の水田《すいでん》。
引水《いんすい》＝水《みず》を引《ひ》く。

意味

自分《じぶん》に都合《つごう》のいいようにものごとを進《すす》めたり、理《り》くつをこねる。

使い方

「自分《じぶん》の国《くに》だけ、自分《じぶん》の町《まち》だけ豊《ゆた》かだったらいい」。二十一世紀《にじゅういっせいき》は、そんな我田引水《がでんいんすい》の考《かんが》えではだめだ。地球《ちきゅう》は一《ひと》つ。水《みず》も空気《くうき》もつながっているんだから。

これも覚えよう

同 牽強付会《けんきょうふかい》 自分《じぶん》に都合《つごう》のいい、強引《ごういん》なこじつけ。「あなたの主張《しゅちょう》は～というものです」

江戸時代《えどじだい》までの日本《にほん》は、お米《こめ》がお金《かね》のようにあつかわれました
だから、自分《じぶん》の田《た》にだけ水《みず》を引いて自分《じぶん》だけ得《とく》をしようとするずるい人《ひと》がいました
オラさえよければ
これぞ我田引水《がでんいんすい》！
でも、これでは、まわりの田《た》に水《みず》が回《まわ》らず、みんなが困《こま》るのでしばしばケンカが起《お》こりました
わたしが先《さき》よ
わたしよ
今《いま》も、自分《じぶん》だけよい服《ふく》を手《て》に入《い》れようとケンカになることがあります。人間《にんげん》は変《か》わりません

画竜点睛《がりょうてんせい》

画竜《がりょう》＝りゅう（竜《りゅう》）の絵《え》。
点睛《てんせい》＝ひとみ（睛《せい》）をかきいれる。＊「点睛」はまちがい。

意味

大事《だいじ》な仕上《しあ》げをしなかったばかりに、全体《ぜんたい》を台《だい》なしにする。「～を欠《か》く」と使《つか》う（59ページ）。

使い方

フラれた。「恋《こい》しい」を「変《へん》しい」と書《か》きまちがえた、**画竜点睛《がりょうてんせい》を欠《か》く**ラブレターをわたしてしまったからだ。

これも覚えよう

類 **仏作《ほとけつく》って魂入《たましいい》れず** ものごとを完成《かんせい》させても、肝心《かんじん》な点《てん》がぬけている。「ラブレターに『好《す》き』と書《か》けなかった。これでは～だ」

母《かあ》ちゃんをかいたぞ
このみさえは画竜点睛《がりょうてんせい》に欠《か》けるなぁ
がりょう？
ポイントが欠《か》けているんだ
ほんとだ！
だろ？
ほかには…
きばや
かきかき
ひげをつけたり

画竜点睛《がりょうてんせい》は一枚《いちまい》の絵《え》から生《う》まれた四字熟語《よじじゅくご》

昔《むかし》、中国《ちゅうごく》に梁《りょう》という国《くに》があったころ、金陵《きんりょう》という町《まち》の安楽寺《あんらくじ》というお寺《てら》の壁《かべ》に、国《くに》で評判《ひょうばん》の張《ちょう》という画家《がか》が、絵《え》を描《か》くことになりました。張《ちょう》さんは、四匹《よんひき》の竜《りゅう》を壁《かべ》に描《か》きました。すると、みんなが絵《え》を見《み》て言《い》いました。

「あれ？　竜《りゅう》の睛《ひとみ》を描《か》くの、忘《わす》れているよ」

張《ちょう》さんは、こう説明《せつめい》しました。

「忘《わす》れたのではない。描《か》くと、竜《りゅう》が飛《と》んで行《い》ってしまうのだ」

みんなは、あんなこと言《い》ってらあ。張《ちょう》さんって、ほらふきだねと言《い》いあい、「じゃあ、試《ため》しに描《か》いてみてくださいよ」とたのみました。

張《ちょう》さんはしかたなく、絵《え》の中《なか》の二匹《にひき》の竜《りゅう》（＝画竜《がりょう》）に、睛《ひとみ》を描《か》きました（＝点睛《てんせい》）。すると……！

急《きゅう》に黒《くろ》い雲《くも》が空《そら》に立《た》ちこめ、雷《かみなり》がとどろき、いなずまが光《ひか》ったかと思《おも》うと、二《に》匹《ひき》の竜《りゅう》が、壁《かべ》をつき破《やぶ》り天《てん》に昇《のぼ》って行《い》ったのです。

睛《ひとみ》を入《い》れられなかった二《に》匹《ひき》の竜《りゅう》は、お寺《てら》の壁《かべ》に残《のこ》っていました。

冠婚葬祭《かんこんそうさい》

冠《かん》＝元服《げんぷく》、成人式《せいじんしき》。婚《こん》＝婚礼《こんれい》、結婚式《けっこんしき》。葬《そう》＝葬式《そうしき》。祭《さい》＝祖先《そせん》を供養《くよう》する祭《まつり》。

意味

成人式《せいじんしき》、結婚式《けっこんしき》、葬式《そうしき》、祖先《そせん》を祭《まつ》る式《しき》をまとめていう言葉《ことば》。

使い方

結婚式《けっこんしき》やお葬式《そうしき》などの**冠婚葬祭**《かんこんそうさい》は、地方《ちほう》によってさまざまなやり方《かた》がある。

これも覚えよう

「元服《げんぷく》」は、奈良時代《ならじだい》（七一〇〜七八四〔七九四〕）以降《いこう》に行《おこな》われた男子《だんし》の成人式《せいじんしき》。十一〜十六歳《さい》の間《あいだ》に行《おこな》われ、冠《かんむり》などをかぶった。

オラが大人《おとな》になって
ななこさんと結婚《けっこん》する…
おまえ
になど
やらん！
お義父《とう》さん、ボクは
永遠《えいえん》にななこさんを
愛《あい》しつづけます！
お義父《とう》さんと呼《よ》ぶな！
でも、そのころ、お義父《とう》さんは
亡《な》くなっているかも
安心《あんしん》してください
葬儀《そうぎ》は盛大《せいだい》に
やりますよ!!
勝手《かって》に
殺《ころ》すな!!

勧善懲悪《かんぜんちょうあく》

勧善《かんぜん》＝良《よ》い行《おこな》いをすすめる。
懲悪《ちょうあく》＝悪《わる》い行《おこな》いをこらしめる。

意味

良《よ》い行《おこな》いをすすめ、悪《あく》（悪人《あくにん》）をこらしめる。

使い方

正義《せいぎ》の主人公《しゅじんこう》が悪者《わるもの》をたおして、事件《じけん》を解決《かいけつ》する。おじいさんは**勧善懲悪**《かんぜんちょうあく》の時代劇《じだいげき》が大好《だいす》きだ。

勧善懲悪《かんぜんちょうあく》は、テレビの時代劇《じだいげき》や戦隊《せんたい》ヒーローものによく見《み》られるストーリーの基本形《きほんけい》。正義《せいぎ》の味方《みかた》と悪人《あくにん》がはっきり分《わ》かれていて、とちゅうで正義《せいぎ》の味方《みかた》は苦戦《くせん》するけど、最後《さいご》にはちゃんと悪人《あくにん》をたおす。キミも好《す》きだよね？

強盗団《ごうとうだん》に村《むら》があらされております
せっしゃにまかせなさい
どっ
どっ
悪者《わるもの》は出《で》ていけ
とお〜〜っ
正義《せいぎ》は勝《か》つ！
平和《へいわ》な村《むら》をつくるのだぞ
きまった！
せりふがなかった

完全無欠《かんぜんむけつ》

完全《かんぜん》＝すべてそろっている。
無欠《むけつ》＝欠《か》けた点《てん》がない。完全《かんぜん》な状態《じょうたい》。

意味

欠点《けってん》や足《た》りないところがまったくないようす。完《かん》ぺきなようす。

使い方

国宝《こくほう》に指定《してい》された仏像《ぶつぞう》をまぢかで見《み》た人《ひと》たちは、その**完全無欠**《かんぜんむけつ》の美《うつく》しさにためいきをもらした。

これも覚えよう

非《ひ》の打《う》ちどころがない　悪《わる》い点《てん》がない。完全《かんぜん》な。「～彼《かれ》のスピーチに、みんなが感動《かんどう》のなみだを流《なが》した」

あいちゃんの家《いえ》の門《もん》、大《おお》きいな～
どーん
すごい庭《にわ》だね チョーセレブなんだ
家《いえ》は宮殿風《きゅうでんふう》ですの
飛行機《ひこうき》やヘリコプターもありますのよん
完全無欠《かんぜんむけつ》のお金持《かねも》ちね
マサオくんいいの？

危《き》機《き》一《いっ》髪《ぱつ》

危機《きき》＝危《あぶ》ない場面《ばめん》。
一髪《いっぱつ》＝かみの毛《け》一本《いっぽん》ほどのすきま（ちがい）。＊「一発」はまちがい。

意味

危険《きけん》な状態《じょうたい》になるギリギリのところ。きわどいようす。

使い方

あっ、しんちゃんのすぐ横《よこ》を自《じ》動車《どうしゃ》が走《はし》りぬけた！　**危機一髪**《ききいっぱつ》で接《せっ》しょくはしなかったけど、とても危《あぶ》なかった。

これも覚えよう

風前《ふうぜん》の灯火《ともしび》　目《め》の前《まえ》に危険《きけん》がせまっていて、命《いのち》が危《あや》うい状態《じょうたい》。「四方《しほう》を敵《てき》に囲《かこ》まれて、われわれの命《いのち》は、～だった」

つっ強《つよ》い…！
アクション仮面《かめん》あぶない！
アクション仮面《かめん》ムスメ参上《さんじょう》！
危機一髪《ききいっぱつ》で助《たす》けられたね

起死回生《きしかいせい》

起死《きし》＝死《し》にひんしたものを生《い》き返《かえ》らせる。
回生《かいせい》＝生《い》き返《かえ》る。

意味

もうだめだと思《おも》われる状態《じょうたい》を立《た》て直《なお》す。

使い方

九回裏《きゅうかいうら》、ツーアウト満塁《まんるい》。ここで四番《よばん》バッターが起死回生《きしかいせい》のホームランを打《う》って、チームは逆転《ぎゃくてん》！勝利《しょうり》を手《て》にすることができた。

これも覚えよう

棄《す》てる神《かみ》あれば拾《ひろ》う神《かみ》あり　見《み》すてて相手《あいて》にしてくれない人《ひと》もいれば、助《たす》けてくれる人《ひと》もいる。「くよくよするな。〜だよ」

合《ごう》コンではいつも負《ま》け組《ぐみ》
ガオーッ
園児《えんじ》にはバカにされて…
こうなったら起死回生《きしかいせい》をねらい、玉《たま》の輿《こし》に乗《の》ってやるわよ〜!!
いい夢《ゆめ》だね
イカが

起承転結《きしょうてんけつ》

起《き》＝言《い》い起《お》こし。承《しょう》＝起《き》の内容《ないよう》を受《う》ける。転《てん》＝場面《ばめん》や視点《してん》を転《てん》じる（変《か》える）。結《けつ》＝まとめる。

意味

起《き》で始《はじ》め、承《しょう》で受《う》けて、転《てん》で変《へん》化《か》させ、結《けつ》で終《お》わらせる、文章《ぶんしょう》の組《く》み立《た》て。ものごとの始《はじ》まりから終《お》わりのあり方《かた》を指《さ》すときもある。

使い方

小説《しょうせつ》や物語《ものがたり》を書《か》いて人《ひと》を感動《かんどう》させたいなら、**起承転結**《きしょうてんけつ》であらすじを考《かんが》える訓練《くんれん》をしよう。

由来《ゆらい》は、四行《よんぎょう》（起句《きく》、承句《しょうく》、転《てん》句《く》、結句《けっく》）からなる「絶句《ぜっく》」という漢詩《かんし》（中国《ちゅうごく》の詩《し》）の組《く》み立《た》てから。

物語《ものがたり》の基本要素《きほんようそ》で、左《ひだり》のように、四《よん》コママンガも起承転結《きしょうてんけつ》をイメージしてつくられているんだ。

起《き》
洗《せん》たくしなきゃ
なんでマスクがいるの？
承《しょう》
あなたのくつ下《した》も洗《あら》うのよ
命《いのち》にかかわることだぞ
オーバーだよ
転《てん》
キャーッ!! ひまわりがたおれてる
どうしたんだ!!
結《けつ》
あなたのくつ下《した》のにおいで気《き》を失《うしな》ったのよ
……

喜《き》色《しょく》満《まん》面《めん》

喜色《きしょく》＝うれしそうなようす。＊「気色」はまちがい。
満面《まんめん》＝顔全体《かおぜんたい》。

意味

うれしい気持《きも》ちが顔《かお》にもあふれ出《で》ているようす。

使い方

「プロ野球《やきゅう》で活躍《かつやく》したい！」。その夢《ゆめ》がかない、見事《みごと》ニャイアンツに入団《にゅうだん》できた高校生《こうこうせい》は記者会見《きしゃかいけん》で**喜**《き》**色満面**《しょくまんめん》だった。

これも覚えよう

類 **得意満面**《とくいまんめん》　ものごとが思《おも》いどおりに進《すす》み、ほこらしさが顔《かお》に表《あらわ》れているようす。「難《むずか》しいおゆうぎが成功《せいこう》し、園長先生《えんちょうせんせい》は～だった」

ごめんなさい…先生《せんせい》のお茶《ちゃ》を飲《の》んじゃいました…
お茶
いいのよ気《き》にしないでね
えっ
かわいいよい子《こ》たちは仲《なか》よく遊《あそ》ぶのよ
いつもとちがうぞ
ビミョーにこわいよ
徳郎《とくろう》さんが帰国《きこく》したんだって
だから喜色満面《きしょくまんめん》なんですね
徳郎《とくろう》さん、仕事《しごと》の都合《つごう》で、すぐもどったんですって…
もっとこわい！

疑心暗鬼《ぎしんあんき》

疑心《ぎしん》＝疑《うたが》いの心《こころ》。
暗鬼《あんき》＝暗《くら》がりにいる亡霊《ぼうれい》。じっさいにはいない亡霊《ぼうれい》。

意味

疑《うたが》いだすと、なんでもないことにも不安《ふあん》を感《かん》じるようになる。

使い方

アキちゃんはなぜ、最近返事《さいきんへんじ》をしてくれないんだろう？　わたし、悪《わる》いことした？　きらわれた？
まみちゃんは**疑心暗鬼《ぎしんあんき》**になった。

これも覚えよう

幽霊《ゆうれい》の正体《しょうたい》見《み》たり枯《か》れ尾花《おばな》　うす気味悪《きみわる》く思《おも》っていたものも、正体《しょうたい》を知《し》れば、こわくなくなる。

父《とう》ちゃん、オラがボタンつけた
じょうずにできたなぁ
えっ
……
みんなにさけられてる気《き》がリストラされるのかな？それとも疑心暗鬼《ぎしんあんき》かなぁ
ボク、原因《げんいん》わかります

四字熟語 コミックス劇場――その3

危《き》機《き》一《いっ》髪《ぱつ》

時間《じかん》よ止《と》まれ！　の巻《まき》

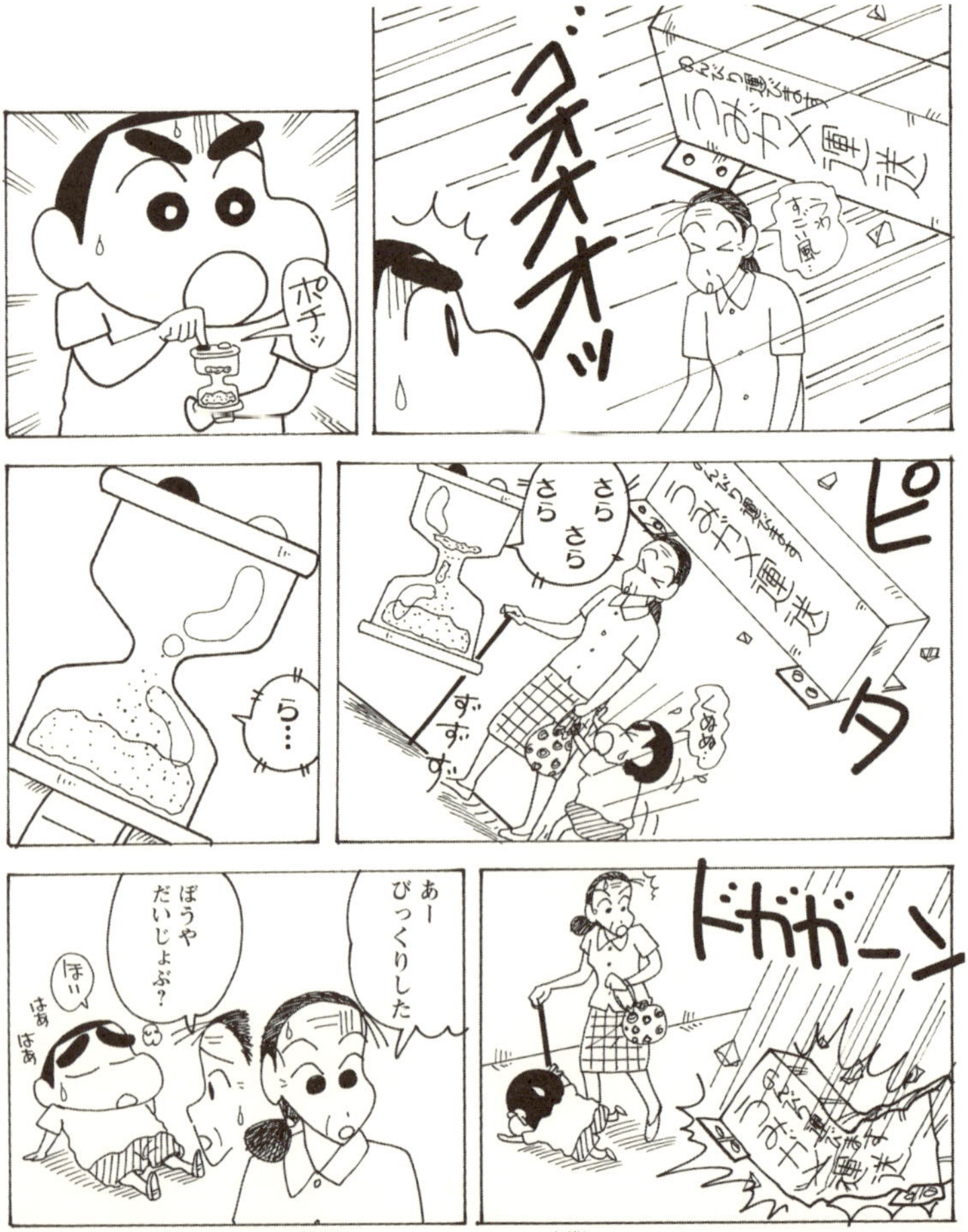

コミックス41巻《かん》「クレしん・外伝《がいでん》その1 もしもこんな時計《とけい》が あったなら…!?」より

クイズで挑戦 四字熟語

前《ぜん》後《ご》左《さ》右《ゆう》にまっすぐ読《よ》んで

下《した》のクロスワードパズルにかくされている13の四字熟語《よじじゅくご》をみつけて。使《つか》わなかった漢字《かんじ》をつなげると、言《こと》葉《ば》になるよ。

●ルール 四字熟語《よじじゅくご》は、マス目《め》を上《うえ》→下《した》、左《ひだり》→右《みぎ》、右《みぎ》→左《ひだり》、下《した》→上《うえ》にまっすぐ読《よ》んでみつけてね。角《かど》を曲《ま》がったり、ななめには読《よ》めないよ。

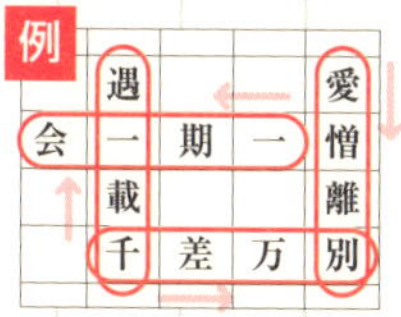

誠	心	誠	意	語	因
臨	機	応	変	字	果
熟	一	部	始	終	応
七	転	八	倒	始	報
一	得	両	挙	一	西
念	首	尾	一	貫	東
発	即	触	一	四	今
起	承	転	結	★	古

★答《こた》えは177ページにあるよ。

奇想天外《きそうてんがい》

奇想《きそう》＝とっぴな考《かんが》え。天外《てんがい》＝空《そら》のかなた。非常《ひじょう》に遠《とお》い場所《ばしょ》。

意味

とっぴな考《かんが》え。思《おも》いもよらない考《かんが》え。

中国《ちゅうごく》の「奇想天外《きそうてんがい》より落《お》つ」を略《りゃく》した言葉《ことば》。とっぴな考《かんが》え（奇想《きそう》）は、宇宙《うちゅう》の果《は》ての遠《とお》いところ（天《てん》外《がい》）から降《ふ》ってくる（落《お》つ）という文《ぶん》から生《う》まれた。

使い方

人前《ひとまえ》でおしりを出《だ》しておどるなど、**奇想天外《きそうてんがい》**なしんちゃんの行動《こうどう》には、みんながびっくりする。

なに？そのカッコ
虫取《むしと》りに行《い》くカッコ
かぶと虫《むし》のコスプレだね
みんなが注目《ちゅうもく》してるよ
しんちゃんが変《へん》なカッコしてるからだよ
はずかしいから着替《きが》えてきてよ
気《き》に入《い》らないの？
そうだよ!!
これでいい？
奇想天外《きそうてんがい》だ

喜怒哀楽《きどあいらく》

喜《き》＝喜《よろこ》び。怒《ど》＝いかり。
哀《あい》＝悲《かな》しみ。楽《らく》＝楽《たの》しみ。＊「愛楽」はまちがい。

意味

喜《よろこ》び、いかり、悲《かな》しみ、楽《たの》しみ。人間《にんげん》の心《こころ》の中《なか》にある、さまざまな感情《かんじょう》。

使い方

喜《よろこ》んだとき、おこったとき、悲《かな》しんだとき、楽《たの》しんだとき、感情《かんじょう》の変化《へんか》に応《おう》じて、目《め》の形《かたち》や大《おお》きさは変《か》わる。喜怒哀楽《きどあいらく》は、人《ひと》の目《め》に表《あらわ》れるんだ。

ドスッ
ボカッ
あなた!!
喜《き》
うがらーっ
プリンもらい！
怒《ど》
ふえっ
えっ
よいこのえほん
哀《あい》
きゃい
いててやめてよして
楽《らく》

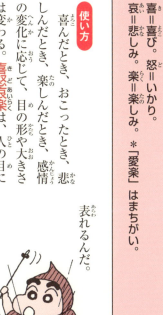

牛飲馬食《ぎゅういんばしょく》

牛飲《ぎゅういん》＝牛《うし》が水《みず》を飲《の》む。
馬食《ばしょく》＝馬《うま》がえさを食《た》べる。

意味

（牛《うし》が水《みず》を大量《たいりょう》に飲《の》み、馬《うま》がたくさんえさを食《た》べるように）たくさん飲《の》み食《く》いすることのたとえ。

類 暴飲暴食《ぼういんぼうしょく》（189ページ）

使い方

がぶがぶ飲《の》み、がつがつ食《た》べる**牛飲馬食《ぎゅういんばしょく》**は体《からだ》に悪《わる》いうえ、太《ふと》る原《げん》因《いん》にもなる。食事《しょくじ》は腹八分《はらはちぶ》を目安《めやす》にゆっくり食《た》べるようにしよう。

これも覚えよう

類 **鯨飲馬食《げいいんばしょく》** たくさん飲《の》み食《く》いする。「鯨《げい》」は「くじら」の意味《いみ》。

母《かあ》ちゃんが死《し》にそうだぞ！
あ あなた
はあ はあ
みさえ！どうしたんだ…!!
きのうから食《た》べてないなんて…
まったく！無理《むり》なダイエットするからだ!!
ゴックン
ガツ ガツ
まさに牛飲馬食《ぎゅういんばしょく》だな
…
ぜったいリバウンドするぞ

急転直下《きゅうてんちょっか》

急転《きゅうてん》＝急《きゅう》に変《か》わる。
直下《ちょっか》＝まっすぐ下《さ》がる。

意味

行《い》きづまったものごとが、急《きゅう》に解決《かいけつ》に向《む》かうこと。

使い方

無言《むごん》のまま三日三晩《みっかみばん》つづいていたお父《とう》さんとお母《かあ》さんの夫婦《ふうふ》げんかは**急転直下《きゅうてんちょっか》**、おさまった。お父《とう》さんがお母《かあ》さんに花束《はなたば》をあげたのがきっかけで、仲《なか》よしにもどったのだ。

ていねいに仕事《しごと》をして何《なに》が悪《わる》いんだ？
悪《わる》いんじゃないッス 機械《きかい》の導入《どうにゅう》も考《かんが》えてほしいんです
手作業《てさぎょう》がいいんだ
古《ふる》いッス だから工事《こうじ》が進《すす》まないんッス
なんだと！
あら、何《なに》やってるの？
けんかはおよしよ
!!
ありがとう 天子《てんこ》さんのひとことで急転直下《きゅうてんちょっか》仕事《しごと》が再開《さいかい》したわ
よし、コージ 一緒《いっしょ》に運《はこ》ぶぞ
はい～っ
シャキッ

興味津津《きょうみしんしん》

興味《きょうみ》＝おもしろみ。関心《かんしん》。
津津《しんしん》＝盛《さか》んにわき出《で》るようす。＊「深深」「進進」はまちがい。

意味

おもしろみがつきない。興味《きょうみ》が後《あと》から後《あと》からわいてくる。

使い方

せっかく一家《いっか》そろって自動車《じどうしゃ》ショーにやって来《き》たのに、しんちゃんは自動車《じどうしゃ》より水着《みずぎ》のおねえさんに興味津津《きょうみしんしん》だった。

これも覚えよう

首《くび》をつっこむ　あるものごとに深《ふか》入《い》りする。「あなた、余計《よけい》なことに～のはやめてね」

おばちゃんちで ママを待《ま》ってようね
ほーーー
ひとの家《いえ》は めずらしいよねえ～
きょろ きょろ
あら 興味津津《きょうみしんしん》だね
がらっ
あっ
きゃ きゃ
……

玉石混交《ぎょくせきこんこう》

玉石《ぎょくせき》＝玉《ぎょく》（宝石《ほうせき》）と石《いし》。質《しつ》の優《すぐ》れたものとおとったもの。
混交《こんこう》＝入《い》り交《ま》じっている。＊「混淆《こんこう》」とも書《か》く。「混合」はまちがい。

意味

質《しつ》の優《すぐ》れたもの（玉《ぎょく》）とおとったもの（石《いし》）が、入《い》り交《ま》じっている状態《じょうたい》。

使い方

ダイエット食品《しょくひん》をたくさん買《か》いこんだみさえにヒロシが言《い》った。「使《つか》わないのにこんなに買《か》うな」すると、みさえが反撃《はんげき》した。「こういうものは玉石混交《ぎょくせきこんこう》。使《つか》ってみないとわかんないの！」

写真《しゃしん》できたわよ
どれどれ
かわいいな ひまわり
こっちのも いいわよ
なに これ ……
これは ひどいな
しんのすけが こっそり とったん だな
玉石混交《ぎょくせきこんこう》ね

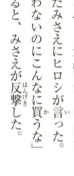

空前絶後《くうぜんぜつご》

空前《くうぜん》＝今《いま》までに例《れい》がない。
絶後《ぜつご》＝これから同《おな》じようなことが起《お》こらない。

意味

（今《いま》までに一度《いちど》も例《れい》がなく、これからも起《お》こらないような）非常《ひじょう》にめずらしいようす。

類 前代未聞《ぜんだいみもん》（138ページ）

使い方

総理大臣《そうりだいじん》を国民《こくみん》の人気投票《にんきとうひょう》で選《えら》ぶことにした。激《はげ》しい選挙戦《せんきょせん》の末《すえ》に選《えら》ばれたのは、なんとしんちゃん！　これはもう、**空前絶後《くうぜんぜつご》**の大事件《だいじけん》だ。

これも覚えよう

「絶後《ぜつご》」には「息《いき》の絶《た》えた後《あと》（死《し》後《ご》）」という意味《いみ》もある。「～に再《ふたた》びよみがえる」

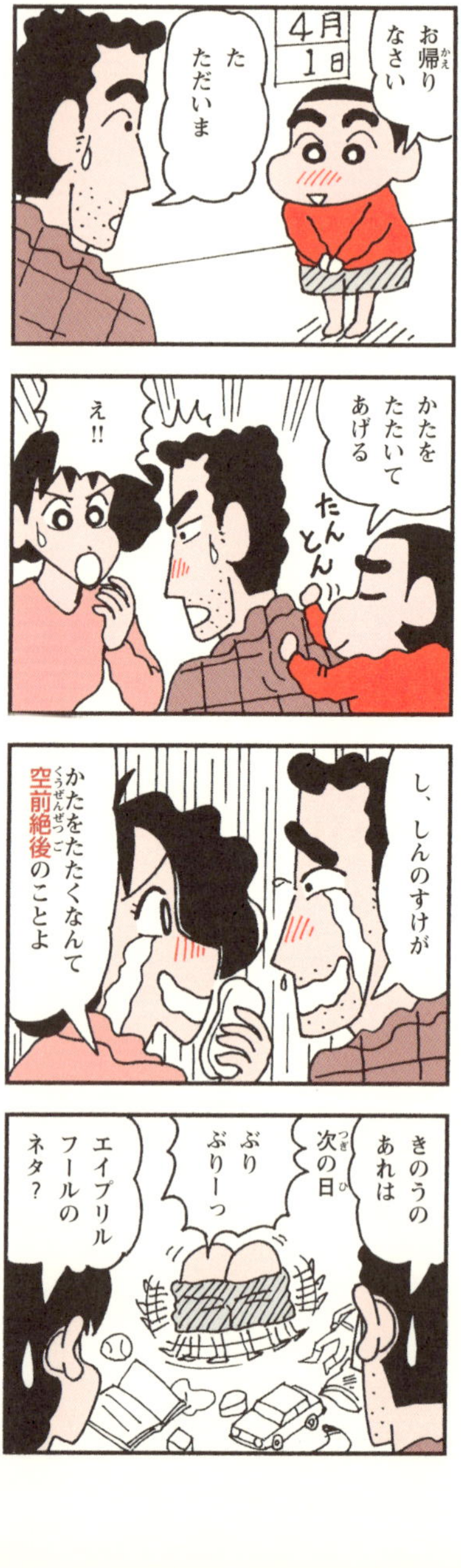

お帰《かえ》りなさい
4月1日
た ただいま
かたをたたいてあげる
たんとん
え!!
し、しんのすけが
かたをたたくなんて空前絶後《くうぜんぜつご》のことよ
きのうのあれは
次《つぎ》の日《ひ》
ぶり ぶりーっ
エイプリルフールのネタ？

君子豹変《くんしひょうへん》

君子《くんし》＝徳《とく》の高《たか》い人《ひと》。人格者《じんかくしゃ》。
豹変《ひょうへん》＝態度《たいど》や意見《いけん》をころりと変《か》える。

意味

考《かんが》えや態度《たいど》をころりと変《か》えること。

今《いま》は悪《わる》い意味《いみ》で使《つか》われるが、もとは、季節《きせつ》ごとに抜《ぬ》け代《か》わる鮮《あざ》やかな豹《ひょう》の体《からだ》の模様《もよう》のように、君子《くんし》（りっぱな人）は自分《じぶん》のあやまちをはっきりと改《あらた》めるという良《よ》い意《い》味《み》の言葉《ことば》だった。

使い方

政治家《せいじか》や教師《きょうし》などの「先生《せんせい》」が、言《い》うこととやることをころころ変《か》えるのを見《み》ると、「君子豹変《くんしひょうへん》す」と言《い》いたくなってしまう。

……
先生《せんせい》快調《かいちょう》ですね
さらさら
うむ
カリカリ
さすが人気小説家《にんきしょうせつか》―気品《きひん》があります
ぴくー
あなた～ななこがね…
ぱっ
ななこ～!!
びゅん
君子豹変《くんしひょうへん》
先生《せんせい》、小説《しょうせつ》を

四字熟語 コミックス劇場――その4

奇《き》想《そう》天《てん》外《がい》

な虫《むし》取《と》りにマイッタ　の巻《まき》

いくよ
いってらっしゃい
ブ～～ン
しゅんっ
びゅうううっ
ちっ 風《かぜ》にじゃまされた!!
ブ～ン
ぴと
はっし
とったぞー
わーい
おのれを自然《しぜん》と一体化《いったいか》し 虫《むし》を安心《あんしん》させ 着地《ちゃくち》したところをキャッチ…みごとだ!!

コミックス43巻《かん》「父《とう》ちゃんの『中国的美人《ちゅうごくてきびじん》おねいさん』好《ず》きには 困《こま》ったもんだ～編《へん》　その5」より

クイズで挑戦　四字熟語

選《えら》んでつなげてつくって

それぞれ漢字《かんじ》を選《えら》んで、2つの四《よ》字熟語《じじゅくご》をつくってみよう。まちがえやすい漢字《かんじ》も入《はい》っているからだまされないでね。

①

中	苦	一	八
千	鳥	石	五
二	物	差	夢
四	霧	苦	万

②

空	無	気	天
中	後	前	直
絶	夢	我	色
球	面	満	下

★答《こた》えは177ページにあるよ。

言行一致《げんこういっち》

言行《げんこう》＝言《い》ったこととじっさいの行《おこな》い。
一致《いっち》＝同《おな》じであること。

意味

発言《はつげん》と行動《こうどう》が同《おな》じである。言《い》った言葉《ことば》に責任《せきにん》をもって実行《じっこう》する。

使い方

新年《しんねん》の抱負《ほうふ》に「おつかいを手伝《てつだ》う」と約束《やくそく》したしんちゃん。一月《いちがつ》四日《よっか》まではちゃんと手伝《てつだ》った。エライ、言行一致《げんこういっち》だ。

これも覚えよう

言《い》うは易《やす》く行《おこな》うは難《かた》し　言《い》うのは簡単《かんたん》だが、それを実行《じっこう》するのは難《むずか》しい。「日本一《にほんいち》になる！　これを、～だ」

雪《ゆき》が積《つ》もりそうね
あなた、明日《あす》は雪《ゆき》をかいてね
まかせておけ 雪国育《ゆきぐにそだ》ちだぞ
明日《あす》は朝《あさ》から雪《ゆき》かきだぁっ!!
おーっ
子《こ》どもは雪《ゆき》の子《こ》だー 雪《ゆき》だるまを作《つく》るぞー
風の子だろ
ぞー
次《つぎ》の朝《あさ》
さむ……
む
雪《ゆき》だるまは？ 雪《ゆき》かきは？
言行一致《げんこういっち》してないぞ

か

捲土重来《けんどちょうらい》

捲土《けんど》＝風《かぜ》が土《つち》を巻《ま》き上《あ》げるほど勢《いきお》いがある。
重来《ちょうらい》＝何度《なんど》でも立《た》ち上《あ》がる。

意味

一度失敗《いちどしっぱい》した者《もの》が、再《ふたた》びもり返《かえ》す。
「〜を期《き》す」と使《つか》うことが多《おお》い（「期《き》す」は「決心《けっしん》する」の意味《いみ》）。

使い方

バーゲン会場《かいじょう》で何一《なにひと》つほしいものが買《か》えなかったみさえは「次《つぎ》のバーゲンこそは！」と、**捲土重来《けんどちょうらい》を期《き》す**のだった。

これも覚えよう

重来《ちょうらい》の「重《ちょう》」は「重《かさ》ねて」「再《ふたた》び」の意味《いみ》。重《おも》さを表《あらわ》しているのではない。

オレの戦車《せんしゃ》は強《つよ》いぞ
ガッ
ボコッ
あっ ボクのがこわされた
くやしいよー
よーし シロとともに捲土重来《けんどちょうらい》を果《は》たすぞ!!
こんどは負《ま》けないぞ
何度《なんど》でもかかってこい！
ガーッ
男一匹
ガタッ
ぐしゃ
中《なか》にいる
やったあ!!

公平無私《こうへいむし》

公平《こうへい》＝かたよりがない。えこひいきしない。
無私《むし》＝自分《じぶん》の得《とく》を考《かんが》えない。私情《しじょう》を入《い》れない。＊「無視」はまちがい。

意味

考《かんが》えや判断《はんだん》がかたよらず、誰《だれ》にとっても平等《びょうどう》である。

類 公明正大《こうめいせいだい》（83ページ）

使い方

えこひいきをしない先生《せんせい》は、みんな大好《だいす》き。先生《せんせい》はいつも公平無私《こうへいむし》に、みんなに接《せっ》してほしい。

これも覚えよう

公平《こうへい》 かたよらない。「おやつを〜に分《わ》ける」

公正《こうせい》 ごまかしがない。「〜な取引《とりひき》」

ネネちゃんがたたいた〜
ぐすぐずしてるからよ
ケンカしないで順番《じゅんばん》を守《まも》って仲《なか》よくね
先生《せんせい》なわとびやろう
先《さき》になわとび後《あと》でかくれんぼね
かくれんぼやろう
手作《てづく》りクッキーよー
一個《いっこ》ずつ平等《びょうどう》にあげるわよー
わーっ
先生《せんせい》はいつも公平無私《こうへいむし》！
またあげるからねー
すごい味《あじ》…
おいしくない…
しょっぱいぞ…

か

公明正大《こうめいせいだい》

公明《こうめい》＝わがままな気持《きも》ちがない。かくしごとがない。
正大《せいだい》＝態度《たいど》や行動《こうどう》が正《ただ》しい。＊「盛大」はまちがい。

意味

ものごとをかたよりなく、公平《こうへい》に行《おこな》う。

類 公平無私《こうへいむし》（82ページ）

使い方

裁判官《さいばんかん》は、加害者《かがいしゃ》と被害者《ひがいしゃ》の言《い》い分《ぶん》をしっかり聞《き》き、両者《りょうしゃ》を納得《なっとく》させる**公明正大**《こうめいせいだい》な判決《はんけつ》を下《くだ》してほしい。

これも覚えよう

色眼鏡《いろめがね》で見《み》る　かたよった見方《みかた》で接《せっ》する。「『外国人《がいこくじん》だから』という～のは、おかしい」

ぼくのチョコビをあげるよ
チョコビ
ありがとう！
ネネちゃん返《かえ》してあげなよ
次《つぎ》に貸《か》してもらえば？
先生《せんせい》ごめんなさいぼくがけったボールです
公明正大《こうめいせいだい》なしんちゃんはありえないわ
でかいクリ
ボクの後《うし》ろで言《い》うな！
歩《ある》く塩《しお》むすび

呉越同舟《ごえつどうしゅう》

呉越《ごえつ》＝呉《ご》と越《えつ》。仲《なか》の悪《わる》い二《ふた》つの国《くに》の名前《なまえ》。
同舟《どうしゅう》＝同《おな》じ舟《ふね》に乗《の》りあわせる。＊「同衆」はまちがい。

意味

仲《なか》の悪《わる》い者《もの》どうしが、同《おな》じ場所《ばしょ》にいあわせる（85ページ）。

使い方

みさえの父《ちち》とヒロシの父《ちち》が、同《おな》じタクシーに乗《の》った。二人《ふたり》はとても仲《なか》が悪《わる》い。**呉越同舟《ごえつどうしゅう》**の二人《ふたり》は、ずっと無言《むごん》だった。

これも覚えよう

風雨同舟《ふううどうしゅう》 困難《こんなん》や苦難《くなん》をともにすること。激《はげ》しいあらしの中《なか》で同《おな》じ船《ふね》に乗《の》るたとえから。「親方《おやかた》とコージは、じつは～の仲《なか》なのだ」

なぜ、きさまがこの回転《かいてん》ずし屋《や》にいるんだ！
お父《とう》さんやめて
お義父《とう》さんでしたか
こんにちは
お義父《とう》さんて呼《よ》ぶな!!
おれのマグロ早《はや》くしろよ！
パパと呼《よ》びます
はいすみません
ごめんなさい
ななこはボクが守《まも》ります
……
がしっ
今《いま》だけは呉越同舟《ごえつどうしゅう》だな

呉越同舟《ごえつどうしゅう》でも、死《し》にものぐるいで助《たす》け合《あ》うはず

「戦《たたか》いに勝《か》つためには、兵士《へいし》たちが一致《いっち》団結《だんけつ》することが大切《たいせつ》だ」

中国《ちゅうごく》の孫子《そんし》という人《ひと》は、これを説明《せつめい》するため、こんな昔話《むかしばなし》を例《れい》にあげました。

――今《いま》から二五〇〇年《ねん》ほど前《まえ》。中国《ちゅうごく》に「呉《ご》」と「越《えつ》」という国《くに》がありました。二《ふた》つの国《くに》は、四〇年近《ねんちか》く争《あらそ》ってばかりいました。

もしも、この呉《ご》と越《えつ》の国《くに》の人《ひと》たちが（＝呉越《ごえつ》）、同《おな》じ船《ふね》に乗《の》り合《あ》わせた（＝同舟《どうしゅう》）としたら、いったいどうするだろうか？ ひどい嵐《あらし》にまきこまれ、船《ふね》はかたむき、水《みず》がどんどんと船《ふね》の中《なか》にまで入《はい》ってきたら？

きっと、呉《ご》の人《ひと》も越《えつ》の人《ひと》も、おたがい敵《てき》どうしということを忘《わす》れて、死《し》にものぐるいで水《みず》を外《そと》にかき出《だ》し、船《ふね》が転《てん》ぷくしないように助《たす》け合《あ》うにちがいないはずだ。ピンチを抜《ぬ》け出《だ》すには、一致団結《いっちだんけつ》して戦《たたか》うのが一番《いちばん》の方法《ほうほう》なのだ――。

「呉越同舟《ごえつどうしゅう》」のもとの意味《いみ》は、84ページの「仲《なか》の悪《わる》い者《もの》どうしが同《おな》じ場所《ばしょ》にいあわせる」という意味《いみ》とちがっていたのです。

古今東西《ここんとうざい》

古今《ここん》＝昔《むかし》と今《いま》。時間《じかん》の流《なが》れを意味《いみ》する。
東西《とうざい》＝東《ひがし》から西《にし》から。空間《くうかん》のひろがりを意味《いみ》する。

意味

いつでもどこでも。昔《むかし》から今《いま》まで、あらゆる場所《ばしょ》で。

使い方

今《いま》も宇宙《うちゅう》を飛《と》んでいるアメリカの惑星探査船《わくせいたんさせん》・ボイジャーには、宇宙人《うちゅうじん》に拾《ひろ》われたときに地球《ちきゅう》をしょうかいするため、**古今東西**《ここんとうざい》の音《おん》楽《がく》やあいさつなどを記録《きろく》したレコードがのせられている。

これも覚えよう

津津浦浦《つつうらうら》　全国《ぜんこく》いたるところ。「おいしい食《た》べものは～にある」

昔《むかし》の女性《じょせい》はおくゆかしい
いってらっしゃいませ
うむ
今どきの女性《じょせい》ははなやか
どこの国《くに》にも美《うつく》しい人《ひと》が
ハ～イ
ニーハオ
古今東西《ここんとうざい》美女《びじょ》はいいなぁ
オラはななこちゃん♥
けっ

後生大事《ごしょうだいじ》

後生《ごしょう》＝死《し》んだ後《あと》にこの世《よ》に生《う》まれ変《か》わる。＊「こうせい」とは読《よ》まない。
大事《だいじ》＝大切《たいせつ》にする。

意味

ものや人《ひと》を大切《たいせつ》にする。「そんなものを⁉」とからかうときにも使《つか》う。

使い方

みさえの母《はは》は、学生時代《がくせいじだい》の写真《しゃしん》を今《いま》も**後生大事《ごしょうだいじ》**に持《も》っている。どれも楽《たの》しい思《おも》い出《で》がつまっている写真《しゃしん》だからだ。

これも覚えよう

「後生」は読《よ》みで意味《いみ》がちがう。
ごしょう ①死後《しご》に生《う》まれ変《か》わること。②来世《らいせ》。あの世《よ》。
こうせい 後《あと》から生《う》まれてくる人《ひと》。

関東地方《かんとうちほう》に大型《おおがた》の台風《たいふう》が上陸《じょうりく》するおそれがあります
大変《たいへん》だわ
ひなんするぞ
大事《だいじ》な荷物《にもつ》をまとめよう
おもちゃはいらない!!
なんか、すごい荷物《にもつ》だな
後生大事《ごしょうだいじ》になにを?
あっ!!
おー高級《こうきゅう》ブランドバッグ
何《なに》かと思《おも》えば…!!

孤立無援《こりつむえん》

孤立《こりつ》＝一人《ひとり》ぼっちでいる。＊「狐立」はまちがい。
無援《むえん》＝助《たす》けがない。

意味

一人《ひとり》ぼっちで、助《たす》けのない状態《じょうたい》。

類 四面楚歌《しめんそか》（105ページ）

使い方

味方《みかた》はすべてたおされ、正義《せいぎ》のヒーローのまわりは敵《てき》だらけ。これから孤立無援《こりつむえん》の戦《たたか》いを強《し》いられようとしていた。

これも覚えよう

三人《さんにん》よれば文殊《もんじゅ》の知恵《ちえ》 とくに頭《あたま》がよくなくても、何人《なんにん》か集《あつ》まれば、文殊《もんじゅ》（知恵《ちえ》をつかさどる菩薩《ぼさつ》）のようないい知恵《ちえ》が出《で》てくる。

ラーメン
すみません。このペットをあずかってもらえないかしら？
ぷいっ
やだね
ぷいっ
おことわりよ
ペットをお願《ねが》いし…
だれにも頼《たよ》れない孤立無援《こりつむえん》だわ…
うぁーっ
だれもあずかってくれないのよ～
どうして～！
ペットがゴキブリだからですよ

五里霧中《ごりむちゅう》

五里霧《ごりむ》＝五里四方《ごりしほう》に立《た》ちこめた深《ふか》い霧《きり》。＊「夢中」はまちがい。
（「里《り》」は昔《むかし》のきょりの単位《たんい》。一里《いちり》＝約《やく》3・9キロメートル）

意味

ものごとの判断《はんだん》がつかず、まようようす。

類 暗中模索《あんちゅうもさく》（17ページ）

使い方

ベテラン刑事《けいじ》の田中《たなか》は頭《あたま》をかかえた。事件《じけん》のあらましはたいてい想像《そうぞう》がつくのに、今回《こんかい》は二《に》カ月調《げつしら》べてもまったくの**五里霧中《ごりむちゅう》**。犯人《はんにん》の見当《けんとう》がつかないのだ。

これも覚えよう

類 曖昧模糊《あいまいもこ》　ぼんやりとしている。「〜とした説明《せつめい》だった」

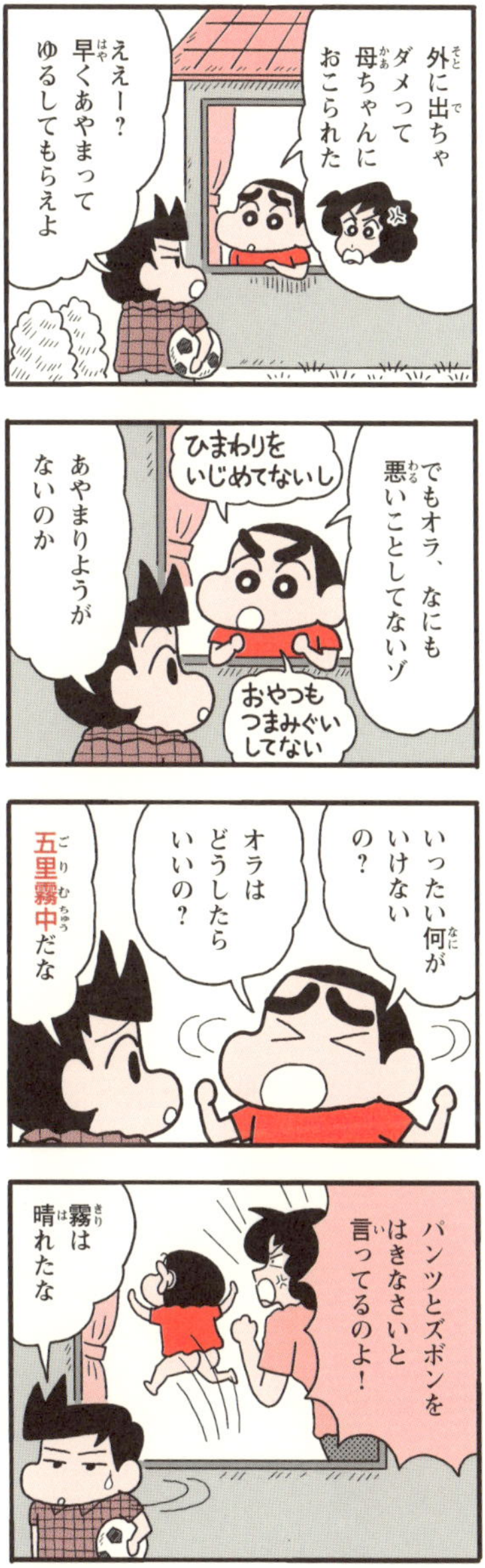
外《そと》に出《で》ちゃダメって母《かあ》ちゃんにおこられた
えぇー？早《はや》くあやまってゆるしてもらえよ
でもオラ、なにも悪《わる》いことしてないゾ
ひまわりをいじめてないし
おやつもつまみぐいしてない
あやまりようがないのか
いったい何《なに》がいけないの？
オラはどうしたらいいの？
五里霧中《ごりむちゅう》だな
パンツとズボンをはきなさいと言《い》ってるのよ！
霧《きり》は晴《は》れたな

言語道断《ごんごどうだん》

言語《ごんご》＝言葉《ことば》に出《だ》して表《あらわ》す。＊「げんご」とは読《よ》まない。
道断《どうだん》＝もってのほか。＊「同断」はまちがい。

意味

言葉《ことば》に表《あらわ》せないほど、とんでもない。

使い方

「警察官《けいさつかん》、飲酒運転《いんしゅうんてん》でたい捕《ほ》」。このニュースを聞《き》いた警察庁長官《けいさつちょうちょうかん》は「言語道断《ごんごどうだん》。警察官《けいさつかん》にあってはならないことです」とあやまった。

これも覚えよう

もってのほか とんでもない。「小《しょう》学生《がくせい》がこんなに遅《おそ》い時間《じかん》に帰《かえ》ってくるなんて、～よ」

不良《ふりょう》になりたいって？
よろしくお願《ねが》いします
けんかしたことあんの？
ないけどがんばります
ガンとばしたことは？
とばします
おめえ、自分《じぶん》の親《おや》をなぐれるか？
えっ…?!
……なぐれます
バカヤロー！自分《じぶん》の親《おや》に手《て》を出《だ》すやつなんて
言語道断《ごんごどうだん》だよ!!
おとといおいで!!
ほーっ

さ行《ぎょう》の四《よ》字《じ》熟《じゅく》語《ご》

さいさんさいし【再三再四】
さいしょくけんび【才色兼備】
さんかんしおん【三寒四温】
しかくしめん【四角四面】
じがじさん【自画自賛】
じきゅうじそく【自給自足】
しくはっく【四苦八苦】
しこうさくご【試行錯誤】
じごうじとく【自業自得】
じじつむこん【事実無根】
しちてんばっとう【七転八倒】
しつじつごうけん【質実剛健】
じぼうじき【自暴自棄】
しめんそか【四面楚歌】
じゃくにくきょうしょく【弱肉強食】
じゅうおうむじん【縦横無尽】

しゅうしいっかん【終始一貫】
じゆうじざい【自由自在】
じゅうにんといろ【十人十色】
しゅかくてんとう【主客転倒】
しゅしゃせんたく【取捨選択】
しゅびいっかん【首尾一貫】
じゅんぷうまんぱん【順風満帆】
しょうしんしょうめい【正真正銘】
しようまっせつ【枝葉末節】
しりめつれつ【支離滅裂】
しんきいってん【心機一転】
しんしゅつきぼつ【神出鬼没】
しんしょうひつばつ【信賞必罰】
しんしょうぼうだい【針小棒大】
しんぼうえんりょ【深謀遠慮】
しんらばんしょう【森羅万象】

せいこううどく【晴耕雨読】
せいしんせいい【誠心誠意】
せいせいどうどう【正正堂堂】
せいてんはくじつ【青天白日】
せいれんけっぱく【清廉潔白】
せっさたくま【切磋琢磨】
ぜったいぜつめい【絶体絶命】
せんざいいちぐう【千載一遇】
せんさばんべつ【千差万別】
ぜんじんみとう【前人未踏】
ぜんだいみもん【前代未聞】
せんぺんばんか【千変万化】
そういくふう【創意工夫】
そうしそうあい【相思相愛】
そくだんそっけつ【即断即決】

再三再四《さいさんさいし》

再三《さいさん》＝二度《にど》も三度《さんど》も。
再四《さいし》＝何度《なんど》も。強《つよ》める意味《いみ》で使《つか》う。

意味

何度《なんど》も何度《なんど》も。くりかえして。

使い方

みさえはしんちゃんに「おもちゃをかたづけなさい」と再三再四《さいさんさいし》、注意《ちゅうい》する。しんちゃんは「食《た》べすぎだよ」と再三再四《さいさんさいし》、反論《はんろん》する。

これも覚えよう

二度《にど》あることは三度《さんど》ある　同《おな》じようなことは三回《さんかい》くりかえされるというたとえ。「地震《じしん》が二回続《にかいつづ》いた。〜という。気《き》をつけよう」

とん とん とん
こら ひまわり！ やめなさいって 危《あぶ》ないでしょ！
おっ スケスケ おパンツと 大根《だいこん》、発見《はっけん》！
みさえ 今夜《こんや》の ごはんは 何《なに》かなぁ 〜〜？
もう!! 再三再四《さいさんさいし》 スカートめくり しないで！

才色兼備《さいしょくけんび》

才色《さいしょく》＝才能《さいのう》と顔《かお》のかたち。
兼備《けんび》＝ともにそなわっている。＊「兼美」はまちがい。

意味

頭《あたま》がよくて美人《びじん》である。

使い方

「どんな女《おんな》の子《こ》が好《す》き？」と聞《き》かれ、しんちゃんは「一流大学《いちりゅうだいがく》に通《かよ》う美人《びじん》！　ななこちゃんみたいな**才色兼備《さいしょくけんび》**な人《ひと》かな」と、当《あ》たり前《まえ》の顔《かお》で答《こた》えた。

これも覚えよう

色女《いろおんな》　顔立《かおだ》ちのいい女《おんな》。
反　色男《いろおとこ》　顔立《かおだ》ちのいい男《おとこ》。

さ

勉強《べんきょう》はもちろん
ここはこうなるでしょ
なるほど
スポーツもできて
料理《りょうり》だってうまい
そのうえ美人《びじん》でやさしい
ななこちゃんは才色兼備《さいしょくけんび》だからライバルも多《おお》いけど
オラなら勝《か》てる！
まっがんばれよ

三寒四温《さんかんしおん》

三寒《さんかん》＝三日間《みっかかん》の寒《さむ》い日《ひ》。
四温《しおん》＝四日間《よっかかん》の暖《あたた》かい日《ひ》。

意味

寒《さむ》い日《ひ》が三日《みっか》続《つづ》いたあと、四日《よっか》くらい暖《あたた》かい日《ひ》が続《つづ》き、これが交《こう》互《ご》にくりかえされる、冬《ふゆ》の終《お》わりの天候《てんこう》。

使い方

朝《あさ》、しんちゃんがカザマくんに「暖《あたた》かいね。きのうまでは寒《さむ》かったのに」と言った。「これが**三寒四温《さんかんしおん》**だよ」とカザマくんが教《おし》えてくれた。

三寒四温《さんかんしおん》は、梅《うめ》の花《はな》がさき、虫《むし》も活動《かつどう》を開始《かいし》し、氷《こおり》が解《と》けはじめるころの気候《きこう》。冬《ふゆ》が終《お》わり春《はる》が始《はじ》まるころの気候《きこう》です。

今日《きょう》は外《そと》で元気《げんき》に遊《あそ》んでますね
暖《あたた》かいですから
今日《きょう》は子《こ》どもたち、外《そと》に出《で》てないですね
寒《さむ》いですからね
暖《あたた》かくなったり寒《さむ》くなったりして、春《はる》が来《く》る
三寒四温《さんかんしおん》ですね
まつざか先生《せんせい》の春《はる》はいつやってくるんでしょうね
こらっ
聞《き》こえてるわよ
しーっ
ボソッ

四角四面《しかくしめん》

四角《しかく》＝四《よっ》つの角《かく》。四角形《しかっけい》。
四面《しめん》＝四《よっ》つの面《めん》。まわり。

意味

①まじめで、かしこまっている性格《せいかく》やようす。②ゆうずうが利《き》かない。

使い方

①ヒロシの上司《じょうし》は、大《おお》ざっぱなヒロシとは正反対《せいはんたい》の、**四角四面**《しかくしめん》な人《ひと》だ。②**四角四面**《しかくしめん》の対応《たいおう》にうんざりした。

これも覚えよう

類 **杓子定規**《しゃくしじょうぎ》　すべてを一《ひと》つの基《き》準《じゅん》で片《かた》づけようとする、ゆうずうの利《き》かないやり方《かた》。「小学生《しょうがくせい》だからって、～に決《き》めつけないで！」

さ

しんのすけ大《おお》きくなったでしょ？
そうでもないよ
下《しも》ネタはいかん 上品《じょうひん》でなか！
お義父《とう》さん、ビール飲《の》みませんか？
酒《さけ》はいかん お茶《ちゃ》がよか
食《た》べ物《もの》で遊《あそ》んではいかん！
のりでチョビひげ～
朝《あさ》はラジオ体操《たいそう》たい
まだ五時《ごじ》…
相変《あいか》らず四角四面《しかくしめん》ね

自画自賛《じがじさん》

自画《じが》＝自分《じぶん》でかいた絵《え》。
自賛《じさん》＝自分《じぶん》でほめる。絵《え》に詩《し》や文《ぶん》を書《か》き加《くわ》える。

意味

自分《じぶん》で自分《じぶん》の作品《さくひん》や行《おこな》いをほめる。

類 我田引水《がでんいんすい》 （57ページ）

使い方

兄《あに》がかいたパンダの絵《え》は、ネコにしか見《み》えなかった。でも、兄《あに》は「かわいいパンダだろ？」と**自画《じが》自賛《じさん》**していた。

これも覚えよう

類 手前味噌《てまえみそ》 自分《じぶん》で、自分《じぶん》の作《つく》ったものをほめる。

たまにはいい母親《ははおや》のところも見《み》せなきゃね
しんのすけあーそーぼ
どうしたの急《きゅう》に…？
いっしょに遊《あそ》びたいのよ
ママやさしいでしょ
…じゃあアクション仮面《かめん》ごっこ
みさえも作《つく》るのか？
器用《きよう》だから何《なん》でも作《つく》れるのよ
見《み》て、すごいでしょ？
よくできたでしょ？カッコいいでしょ？
自画自賛《じがじさん》のしすぎでしょ…
みかん

さ

自給自足《じきゅうじそく》

自給《じきゅう》＝必要《ひつよう》なものを自分《じぶん》で作《つく》る。＊「自休」はまちがい。
自足《じそく》＝自分《じぶん》で足《た》りるようにする。満足《まんぞく》する。

意味

必要《ひつよう》な食《た》べ物《もの》や住《す》むところ、着《き》るものを自分《じぶん》で作《つく》って、自分《じぶん》でまかない、満足《まんぞく》する。

使い方

「畑《はたけ》でうまい野菜《やさい》を作《つく》り、自分《じぶん》で丸太《まるた》の家《いえ》を建《た》てて暮《く》らす」。ヒロシは年《とし》をとったら、田舎《いなか》で自給自足《じきゅうじそく》の生活《せいかつ》をするのが夢《ゆめ》だ。

これも覚えよう

すねをかじる　家族《かぞく》などにお金《かね》を世話《せわ》してもらう。「五郎《ごろう》くんは会社員《かいしゃいん》になっても、親《おや》の～生活《せいかつ》を続《つづ》けた」

ばあちゃん
よーしんのすけ
いろいろあるわね
あっピーマン
家《いえ》で食《た》べる野菜《やさい》はみんな作《つく》ってるだよ
秋《あき》には米《こめ》をかりとる
野菜《やさい》と米《こめ》は自給自足《じきゅうじそく》してるっぺ
あのにわとりは焼《や》き鳥《とり》になるの？
つ…
卵《たまご》を産《う》んでくれるだよ

四《し》苦《く》八《はっ》苦《く》

四苦《しく》＝（仏教《ぶっきょう》でいう）生《しょう》・老《ろう》・病《びょう》・死《し》という四《よっ》つの苦《くる》しみ。
八苦《はっく》＝四苦《しく》以外《いがい》のたくさんの苦《くる》しみ。

意味

とても苦労《くろう》すること。大苦戦《だいくせん》。もとは仏教《ぶっきょう》の言葉《ことば》で、生《しょう》・老《ろう》・病《びょう》・死《し》（四苦《しく》）と、親《した》しい人《ひと》と別《わか》れる苦《くる》しみ、にくむ人《ひと》と会《あ》う苦《くる》しみ、ほしくても手《て》に入《はい》らない苦《くる》しみ、心《こころ》や体《からだ》の苦《くる》しみを指《さ》す。

類 **悪戦苦闘**《あくせんくとう》（16ページ）

使い方

散歩《さんぽ》で会《あ》ったきれいなおねえさんに、手品《てじな》を見《み》せたり歌《うた》をうたったり。しんちゃんは気《き》に入《い》ってもらおうと**四苦八苦**《しくはっく》していた。

むさえ～
スーパーの仕事《しごと》手伝《てつだ》ってくれないかって
いいわよー
いらっしゃいませー
こんなの楽《らく》ちんよ
ジュー
ジュ
これでいくら?
三一三円《えん》です
安《やす》くならないの?
なりません
ねえちょっと
ありがとうございます
はいただいま
同時に言うなー!!
食べるわよ
どうぞ
3つちょうだい
私のまだ!
私は2つね
慣《な》れない仕事《しごと》に四苦八苦《しくはっく》なんだな

試行錯誤《しこうさくご》

試行《しこう》＝試《ため》すこと。＊「思考」はまちがい。
錯誤《さくご》＝失敗《しっぱい》したりまちがえること。

意味

何度《なんど》も失敗《しっぱい》しながら、よい方法《ほうほう》を見《み》つけ出《だ》していく。

使い方

ケーキ作《づく》りにチャレンジ。やっと完成《かんせい》させたカザマくんが「こげたり、形《かたち》がくずれたり、試行錯誤《しこうさくご》の連続《れんぞく》だったよ」と言《い》った。

これも覚えよう

類 紆余曲折《うよきょくせつ》　曲《ま》がりくねるようす。事情《じじょう》がこみいり手間《てま》どること。

ボーちゃんの鼻水《はなみず》がゆれているのはうれしいとき
高速回転《こうそくかいてん》は最高《さいこう》にうれしいときだ！
ボーちゃんどうしたの？
新《あたら》しい鼻水芸《はなみずげい》を考《かんが》えてるんだって
ボ
鏡《かがみ》を見《み》て練習《れんしゅう》しているよ
試行錯誤《しこうさくご》の成果《せいか》だよ
ボ♡

自《じ》業《ごう》自《じ》得《とく》

自業《じごう》＝自分《じぶん》の行《おこな》い。＊「じぎょう」とは読《よ》まない。
自得《じとく》＝自分《じぶん》にもどってくる。

意味

自分《じぶん》の悪《わる》い行《おこな》いの報《むく》い（お返《かえ》し）を、自分《じぶん》が受《う》ける。

使い方

しんちゃんにおやつを横《よこ》どりされたひまわりが、しんちゃんをたたいた。おこったしんちゃんにみさえが言《い》った。「自業自得《じごうじとく》よ」

これも覚えよう

「自《じ》〜自《じ》〜」とする四字熟語《よじじゅくご》①

自給自足《じきゅうじそく》（97ページ）
自暴自棄《じぼうじき》（104ページ）
自由自在《じゆうじざい》（110ページ）

勉強《べんきょう》休《やす》も
やっぱりマリーちゃんプリンおいしいな
もう1個《こ》
ゆうべプリン5個《こ》も食《た》べたから
ゴロゴロゴロ…
おなかがいたくてテストに集中《しゅうちゅう》できない…
名門校《めいもんこう》を目指《めざ》す成績《せいせき》じゃないよ
下《した》から何番目《なんばんめ》?
行《い》こうおバカがうつるわ
みんな…
自業自得《じごうじとく》だな
ほらぬれるゾ
えっ

事実無根《じじつむこん》

事実《じじつ》＝実際《じっさい》に起《お》こったこと。
無根《むこん》＝原因《げんいん》やよりどころがない。

意味

事実《じじつ》ではない。でたらめの。

使い方

「教室《きょうしつ》の窓《まど》ガラスをわったのは、五班《ごはん》のみんなだ」。事実無根《じじつむこん》のデマを流《なが》され、五班《ごはん》のみんなはすぐに抗議《こうぎ》した。

これも覚えよう

根《ね》も葉《は》もない　少《すこ》しの根拠《こんきょ》もない。でたらめな。「『シロはオオカミ！』そんな～うわさがSNS《エスエヌエス》で広《ひろ》まった」

ないなあ バイト代《だい》…
どこに落《お》としたんだろう…
あやしいわ
不審者《ふしんしゃ》よ 通報《つうほう》しましょ
あれ 事件《じけん》かな
あった!! よかったぁ～!
ファン
ファン
ファン
本当《ほんとう》にキミの?
ぬすんだんじゃないの?
そんなぁ 事実無根《じじつむこん》です
これはボクのお金《かね》です

さ

七転八倒《しちてんばっとう》

七転《しちてん》＝七回転《ななかいころ》ぶ。
八倒《ばっとう》＝八回《はちかい》たおれる。＊「はっとう」とも読《よ》む。

意味

もがき苦《くる》しむ。のたうち回《まわ》る。

使い方

道《みち》に落《お》ちていたサンドイッチを食《た》べたシロは、その夜《よる》からおなかがいたくなり七転八倒《しちてんばっとう》。拾《ひろ》い食《ぐ》いを後悔《こうかい》した。

これも覚えよう

七転八起《しちてんはっき》　何度《なんど》失敗《しっぱい》しても立《た》ち直《なお》ってやりぬく。

七難八苦《しちなんはっく》　いろいろな苦《くる》しみや災難《さいなん》。

楽《たの》しそうね
ひょこ　ひょこ
気《き》をつけてゆっくりな
きんっ
あっ
とん　とん
ああっ…
父《とう》ちゃんごめん
わおっ！
きんっ
いたいのね 七転八倒《しちてんばっとう》してるわ
おお……
母《かあ》ちゃん、竹馬《たけうま》はキケンだな…

質実剛健《しつじつごうけん》

質実《しつじつ》＝飾《かざ》り気《け》がなく、まじめな人《ひと》がら。
剛健《ごうけん》＝心《こころ》や体《からだ》がたくましく強《つよ》いようす。　＊「強健」はまちがい。

意味

飾《かざ》り気《け》がなく、中身《なかみ》が充実《じゅうじつ》していて、心《こころ》と体《からだ》が強《つよ》くたくましい。

使い方

「はでにならず、強《つよ》い心《こころ》と体《からだ》をもつ生徒《せいと》になってほしい」。兄《あに》の通《かよ》う高校《こうこう》の校訓《こうくん》は「**質実剛健**《しつじつごうけん》」だ。

これも覚《おぼ》えよう

対 **巧言令色**《こうげんれいしょく》　口先《くちさき》でうまいことを言《い》い、うわべだけとりつくろう。「～ばかりのあの人《ひと》のせりふは、信《しん》じられない」

さ

あっ、平八《へいはち》じいちゃんだ
ざっ
ざっ
いつも公園《こうえん》をそうじしている人《ひと》ね
ポイ
ポイ捨《す》てはやめてください！
むかっ
うるせぇなじじい！
大人《おとな》ならマナーを守《まも》りなさい
こんなことしたくないが…
くいっ
ま まいった…
おっ～っ
飾《かざ》り気《け》はないけど強《つよ》い質実剛健《しつじつごうけん》の人《ひと》ね

自暴自棄《じぼうじき》

自暴《じぼう》＝自分《じぶん》で自分《じぶん》の身《み》を粗末《そまつ》にする。
自棄《じき》＝自分《じぶん》を見捨《みす》てる。

意味

「どうでもいい」とやけになる。やけくそ。

使い方

好《す》きな男子《だんし》に告白《こくはく》した。でも、うまく言《い》えなかった。自暴自棄《じぼうじき》になって、アイスクリームやチョコレートをやけ食《ぐ》いした。

これも覚えよう

「自《じ》〜自《じ》〜」とする四字熟語《よじじゅくご》②
自作自演《じさくじえん》 準備《じゅんび》から実行《じっこう》まで、すべてを自分《じぶん》でやる。自分《じぶん》の作品《さくひん》に出演《しゅつえん》したり、自分《じぶん》の曲《きょく》を演奏《えんそう》する。

マサオ これから何《なに》するの？
コレクションの整理《せいり》をして
ママはおつかい
部屋《へや》をそうじする予定《よてい》だよ
ボクの計画表
ピンポーン
マサオくん遊《あそ》ぼうよ
だめよ ネネとリアルままごとするの
しんちゃんもやるでしょ？
そんなあ ボクの予定《よてい》は？
ネネのスケジュールノート
マサオくんはだらしない夫役《おっとやく》ね
子《こ》どもはてきとうに遊《あそ》んで
えっ
マンガ
だい本
あっ
予定《よてい》なんて立《た》てるだけむだなのさあ〜
マサオ 自暴自棄《じぼうじき》にならないで

四面楚歌《しめんそか》

四面《しめん》＝周囲《しゅうい》。四方八方《しほうはっぽう》。
楚歌《そか》＝楚《そ》という国《くに》の歌《うた》。

意味

まわりは敵《てき》ばかりで、だれも助《たす》けてくれない（106ページ）。

類 **孤立無援《こりつむえん》**（88ページ）

類 **絶体絶命《ぜったいぜつめい》**（133ページ）

使い方

消費税《しょうひぜい》、医療改革《いりょうかいかく》、教育問題《きょういくもんだい》…。あらゆる方面《ほうめん》から批判《ひはん》された内閣《ないかく》総理大臣《そうりだいじん》は、**四面楚歌《しめんそか》**の立場《たちば》に追《お》いこまれた。

これも覚えよう

前門《ぜんもん》の虎《とら》、後門《こうもん》の狼《おおかみ》 前《まえ》にも後《うし》ろにも敵《てき》（災難《さいなん》）がいる（ある）。

体力《たいりょく》づくりに寒中水泳《かんちゅうすいえい》をやりましょう
反《はん》ターイ 寒《さむ》い冬《ふゆ》に水泳《すいえい》なんて
ぜったい反対《はんたい》!!
わたしも
みなさんはどうですか？
はんたーい!!
寒《さむ》いからやだ～
かぜひくよ
信《しん》じられない
……
どうでしょう？
年寄《としよ》りの冷《ひ》や水《みず》＊ですよ
味方《みかた》はゼロ
四面楚歌《しめんそか》か…

＊＝老人《ろうじん》らしくないさしでがましい行為《こうい》をたしなめる言葉《ことば》。

カザマくんの
そうだったのか
四字熟語
劇場《げきじょう》

敵《てき》に囲《かこ》まれて聞《き》いた悲《かな》しい歌《うた》、四面楚歌《しめんそか》

昔《むかし》、中国《ちゅうごく》で、「楚《そ》」という国《くに》と「漢《かん》」という国《くに》が争《あらそ》っていました。

楚《そ》の項羽《こうう》の軍《ぐん》は、漢《かん》の劉邦《りゅうほう》の軍《ぐん》に追《お》いつめられていました。やがて、楚《そ》の項羽《こうう》はとりでを築《きず》いてたてこもり、それを漢《かん》の軍《ぐん》がとりかこみました。

ある夜《よる》、漢《かん》の軍《ぐん》は、もっと項羽《こうう》を追《お》いつめようと、ある作戦《さくせん》を考《かんが》えました。自《じ》分《ぶん》たちの軍《ぐん》の中《なか》から楚《そ》の国《くに》の出身者《しゅっしんしゃ》を選《えら》び出《だ》し、楚《そ》の国《くに》の民謡《みんよう》を歌《うた》わせ、ほかの兵士《へいし》たちにも覚《おぼ》えさせ、そろって大《おお》きな声《こえ》で歌《うた》わせたのです。

項羽《こうう》はびっくりしました。とりでをかこむ東《ひがし》からも西《にし》からも南《みなみ》からも北《きた》からも（＝四面《しめん》）、自分《じぶん》の国《くに》、楚《そ》の国《くに》の悲《かな》しいメロディ（＝楚歌《そか》）が聞《き》こえてきたからです。

「こんなにもたくさんの楚《そ》の国《くに》のものたちが、漢《かん》の軍《ぐん》につかまってしまったのか。楚《そ》の国《くに》は、きっと漢《かん》にとられてしまったんだ……」

項羽《こうう》は、絶望《ぜつぼう》しました。

そして、そばにいた恋人《こいびと》を殺《ころ》し、自分《じぶん》も死《し》んでしまいました。

弱肉強食《じゃくにくきょうしょく》

弱肉《じゃくにく》＝弱《よわ》いものの肉《にく》。
強食《きょうしょく》＝強《つよ》いものが食《た》べる。

意味

弱《よわ》いものが強《つよ》いもののえじきになる。食《く》うか食《く》われるかの争《あらそ》い。

使い方

駅前《えきまえ》の八百屋《やおや》さんがつぶれた。近《ちか》くにできた大《おお》きなスーパーマーケットに、客《きゃく》をとられたのだ。これが**弱肉強食《じゃくにくきょうしょく》**だ。

これも覚えよう

類 優勝劣敗《ゆうしょうれっぱい》（199ページ）

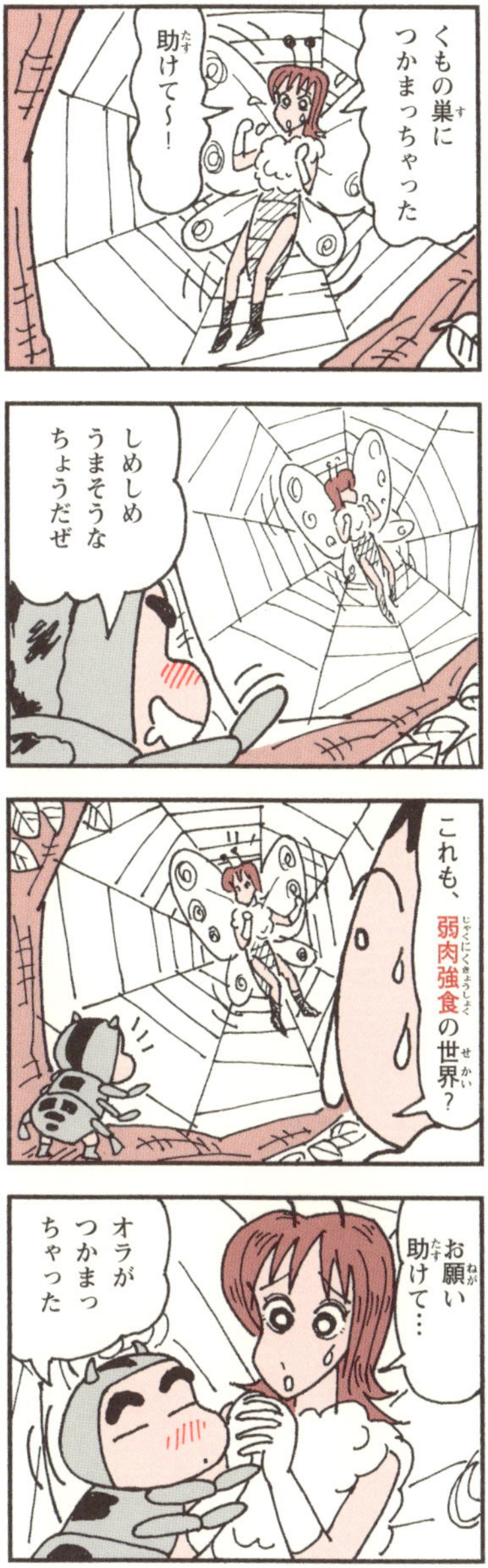

くもの巣《す》に
つかまっちゃった
助《たす》けて〜！
しめしめ
うまそうな
ちょうだぜ
これも、弱肉強食《じゃくにくきょうしょく》の世界《せかい》？
お願《ねが》い
助《たす》けて…
オラが
つかまっ
ちゃった

さ

縦横無尽《じゅうおうむじん》

縦横《じゅうおう》＝たてと横《よこ》。思《おも》いどおりに行動《こうどう》する。
無尽《むじん》＝限《かぎ》りがない。

意味

自分《じぶん》の好《す》きなように行動《こうどう》するようす。

類 自由自在《じゆうじざい》（110ページ）

使い方

世界一《せかいいち》のストライカー、ドナウロ選手《せんしゅ》は右《みぎ》へ左《ひだり》へ、前《まえ》に後《うし》ろに、縦横無尽《じゅうおうむじん》にピッチをかけまわり、ゴールを決《き》めた。

これも覚えよう

縦横《じゅうおう》には「南北《なんぼく》と東西《とうざい》（道路《どうろ》が町《まち》を〜に貫《つらぬ》く）」や「四方八方《しほうはっぽう》（国内《こくない》を線路《せんろ》が〜に走《はし》る）」の意味《いみ》もある。

プールでおにごっこやろうよ
賛成《さんせい》
じゃあじゃんけんしよ
しんのすけがおにだぞー
1、2 3、4…
すーっ
縦横無尽《じゅうおうむじん》におしりが泳《およ》いでいる…
しんちゃん止《や》めて…

さ

終始一貫《しゅうしいっかん》

終始《しゅうし》＝始《はじ》めから終《お》わりまで。
一貫《いっかん》＝（考《かんが》え方《かた》や行動《こうどう》を）つらぬきとおす。

意味

始《はじ》めから終《お》わりまで、ずっと変《か》わらない。

類 **首尾一貫《しゅびいっかん》**（114ページ）

類 **徹頭徹尾《てっとうてつび》**（158ページ）

使い方

外見《がいけん》を重視《じゅうし》するコーチは、ベテランや若手《わかて》をとわず、選手《せんしゅ》がひげを生《は》やしたり、かみをそめたりする行為《こうい》を**終始一貫《しゅうしいっかん》**、禁止《きんし》してきた。

これも覚えよう

手《て》のひらを返《かえ》す 考《かんが》え方《かた》や行動《こうどう》をとつぜん変《か》える。「今日《きょう》は、きのうと～ように知《し》らないふりをした」

どうかされましたか?
徳郎先生《とくろうせんせい》 私《わたし》、胸《むね》がキュンといたいの
よくなったよ
いたくないですか?
やった～!
平気《へいき》だよ
徳郎《とくろう》さんはどんな患者《かんじゃ》さんにも終始一貫《しゅうしいっかん》やさしいのよ
もちろん私《わたし》にもね～♥
さあ行《い》きましょ
でれ～

自《じ》由《ゆう》自《じ》在《ざい》

自由《じゆう》＝思《おも》ったとおりにできること。
自在《じざい》＝思《おも》うままにできること。

意味

思《おも》ったとおりにできるようす。

類 縦横無尽《じゅうおうむじん》（108ページ）

使い方

ちらっとにらんでおやじギャグを止《や》めさせたかと思《おも》うと、おだてて調子《ちょうし》に乗《の》せる。みさえは、ヒロシを**自由自在**《じゆうじざい》にあやつっている。

これも覚えよう

類 **自由奔放**《じゆうほんぽう》　まわりを気《き》にせず、思《おも》いのままにふるまうようす。「～に生《い》きているしんちゃんは幸《しあわ》せ者《もの》だ」

きりっ
あっ、若《わか》いOL《オーエル》が集団《しゅうだん》で歩《ある》いてくる…
と思《おも》ったらおばさんの集団《しゅうだん》だった
な～んだ
ぼて
と思《おも》ったらこんどは女子大生《じょしだいせい》だ
きりっ
すごいね
自由自在《じゆうじざい》だぞ
自慢《じまん》にならん！

十人十色《じゅうにんといろ》

十人《じゅうにん》＝十人《じゅうにん》。
十色《といろ》＝十《じっ》とおりの考《かんが》え方《かた》、好《この》み。

意味

人《ひと》によって、考《かんが》え方《かた》や好《す》きなものがちがうこと。

使い方

先生《せんせい》「好《す》きなおかしはなあに？」
しんちゃん「チョコビー」
ネネちゃん「クッキーよ」
カザマくん「キャラメルです」
マサオくん「ケーキだよ」
ボーちゃん「おせんべい…」
先生《せんせい》「まあ、十人十色《じゅうにんといろ》ね」

これも覚えよう

類 三者三様《さんしゃさんよう》　やり方《かた》や好《す》きなものが人《ひと》それぞれちがう。「三姉妹《さんしまい》の服《ふく》の好《この》みは〜だ」

親子《おやこ》兄弟《きょうだい》でも性格《せいかく》ってちがうよなあ
十人十色《じゅうにんといろ》よ
あなたは優柔不断《ゆうじゅうふだん》で小心者《しょうしんもの》
悪口《わるくち》かよ
がんこな父《とう》さん
むさえは無精者《ぶしょうもの》
姉《ねえ》さんはまじめ
でも、夢《ゆめ》には猪突猛進《ちょとつもうしん》
オヤジはマイペースで自由人《じゆうじん》
アニキは心《こころ》がせまくてケチ
農業《のうぎょう》には一生懸命《いっしょうけんめい》か
ひまわりは負《ま》けずぎらい
母《かあ》ちゃんはケチなくせに見栄《みえ》っぱりおこりっぽい
ムネなしズンドー…
あんたはおしゃべり生意気《なまいき》、マイペース

さ

主客転倒《しゅかくてんとう》

主《しゅ》=家《いえ》の持《も》ちぬし。主《あるじ》。客《かく》=たずねてくる人《ひと》。＊「しゅきゃく」とも読《よ》む。
転倒《てんとう》=さかさまになる。とりちがえる。＊「転到」はまちがい。

意味

ものごとの本題《ほんだい》と、そのまわりの事《こと》がらが逆《ぎゃく》になる。

類 本末転倒《ほんまつてんとう》（191ページ）

使い方

困《こま》っている人《ひと》を助《たす》けるための議《ぎ》論《ろん》が必要《ひつよう》なのに、みんな、自分《じぶん》の会社《かいしゃ》の物《もの》を売《う》ることしか考《かんが》えていない。こんな**主客転倒**《しゅかくてんとう》した議論《ぎろん》で、困《こま》った人《ひと》が喜《よろこ》ぶのだろうか。

しんのすけ、シロの散歩《さんぽ》に行くわよ
シロ、散歩《さんぽ》は飼《か》い主《ぬし》の横《よこ》について先《さき》に行《い》ったらダメだぞ
おい、みさえ飼《か》い主《ぬし》の前《まえ》を歩《ある》いたらダメじゃないか！
だれが飼《か》い主《ぬし》？主客転倒《しゅかくてんとう》してるでしょ？

取捨選択《しゅしゃせんたく》

取捨《しゅしゃ》＝よいもの、必要《ひつよう》なものを取《と》り、悪《わる》いもの、いらないものを捨《す》てる。
選択《せんたく》＝二《ふた》つ以上《いじょう》のものから、選《えら》び取《と》る。

意味

たくさんの中《なか》から、必要《ひつよう》なものやよいものを選《えら》び、残《のこ》ったものは捨《す》てる。

使い方

写真《しゃしん》コンテストの審査員《しんさいん》になったヒロシは**取捨選択**《しゅしゃせんたく》をせまられ、悩《なや》んでばかりいた。

これも覚えよう

類 **二者択一**《にしゃたくいつ》　二《ふた》つのものから一《ひと》つ選《えら》ぶ。「バニラアイスとチョコアイス、どっちが食《た》べたい？　～で選《えら》んでね」

本《ほん》を買《か》ってくるのはいいけどたまったら捨《す》ててよ
どさ
取捨選択《しゅしゃせんたく》してよ
どうせH本《エッチぼん》ばかりでしょ？
ドキッ
これは捨《す》てて
これは保存《ほぞん》…
父《とう》ちゃんこの写真《しゃしん》は？
昔《むかし》のみさえの写真《しゃしん》
永久保存《えいきゅうほぞん》かな
ホッ

さ

首尾一貫
しゅびいっかん

首尾《しゅび》＝頭《あたま》と尾《お》。ものごとの始《はじ》めから終《お》わりまで。＊「守備」はまちがい。
一貫《いっかん》＝（考《かんが》え方《かた》や行動《こうどう》を）つらぬきとおす。

意味

考《かんが》え方《かた》や態度《たいど》が、始《はじ》めから終《お》わりまで変《か》わらない。

類 終始一貫《しゅうしいっかん》（109ページ）

類 徹頭徹尾《てっとうてつび》（158ページ）

使い方

彼《かれ》の小説《しょうせつ》の作《つく》り方《かた》は、デビュー当時《とうじ》から首尾一貫《しゅびいっかん》している。材料《ざいりょう》になるのは自分《じぶん》で調《しら》べた事実《じじつ》やお話《はなし》のみ。他人《たにん》の受《う》け売《う》りがない。だから、登場人物《とうじょうじんぶつ》はすべて生《い》き生《い》きしている。

好《す》きな言葉《ことば》は
熱血《ねっけつ》！情熱《じょうねつ》！溶鉱炉《ようこうろ》!!
食《た》べ物《もの》は あつあつの厚揚《あつあ》げ!!
炎天下《えんてんか》で熱《あつ》くサッカーをやろう！
熱《ねつ》が出《で》そうだ
たたでさえ暑《あつ》いのに
努力《どりょく》は才能《さいのう》だ！
燃《も》えるような赤《あか》が好《す》きだ!!
しいぞう先生《せんせい》は首尾一貫《しゅびいっかん》
暑苦《あつくる》しいゾ
ファイヤー

順風満帆《じゅんぷうまんぱん》

順風《じゅんぷう》＝船《ふね》の進《すす》む方向《ほうこう》に向《む》かってふく風《かぜ》。追《お》い風《かぜ》。
満帆《まんぱん》＝船《ふね》の帆《ほ》が風《かぜ》を受《う》けていっぱいに張《は》られている状態《じょうたい》。

意味

ものごとがスイスイと進《すす》むようす。

使い方

みさえとヒロシは、しんちゃんの将来《しょうらい》を考《かんが》えた。

みさえは「勉強《べんきょう》とスポーツが得《とく》意《い》で、ガールフレンドもいっぱいできて…」。

ヒロシは「大《おお》きな会社《かいしゃ》に入《はい》って、どんどん出世《しゅっせ》して、末《すえ》は社長《しゃちょう》に」。

しんちゃんは、そんな**順風満帆**《じゅんぷうまんぱん》の人生《じんせい》を送《おく》れるのかな。

大好《だいす》きな石坂《いしざか》さんと結婚《けっこん》して
かわいい桃《もも》ちゃんも生《う》まれた！
ちゅ
ようち園《えん》の仕事《しごと》にもやりがいがある
わたしの人生《じんせい》順風満帆《じゅんぷうまんぱん》！
先生《せんせい》いたかった？
だから……
いいのよ
いたさなんか感《かん》じないわ

正真正銘《しょうしんしょうめい》

正真《しょうしん》＝真実《しんじつ》であること。本物《ほんもの》であること。
正銘《しょうめい》＝まちがいないこと。強《つよ》める言葉《ことば》。

意味

まちがいなく本物《ほんもの》の。本当《ほんとう》の。

使い方

家《いえ》にどろぼうが！　はち合《あ》わせしたみさえが泣《な》きながら言《い》った。「やめて！　それは正真正銘《しょうしんしょうめい》、ダイヤモンドの指輪《ゆびわ》なんだから」。どろぼうはにやりと笑《わら》った。

これも覚えよう

「銘《めい》」は、刀《かたな》などの金属《きんぞく》や石《いし》に刻《きざ》まれた、作《つく》った人《ひと》や持《も》ち主《ぬし》の名前《なまえ》、文言《もんごん》をさす。銘《めい》があれば、本物《ほんもの》としてあつかわれる。

ここにあったカップめん知《し》りませんか？
つゆだけ残《のこ》ったヤツ
ごはん
まつざか先生《せんせい》がかたづけてたわよ
捨《す》てたわよ上尾先生《あげおせんせい》のだったの？
ガーン
正真正銘《しょうしんしょうめい》私《わたし》のです…
上尾のです すてないで！
そんなの気《き》づくはずないでしょ？
カップめんつゆかけごはんが大好《だいす》きなんだよ!!

枝葉末節《しょうまっせつ》

枝葉《しよう》＝枝《えだ》と葉《は》。主要《しゅよう》（幹《みき》）ではない部分《ぶぶん》のたとえ。
末節《まっせつ》＝どうでもよいことがらのたとえ。

意味

重要《じゅうよう》ではないものごとのたとえ。細《こま》かな。取《と》るに足《た》りない。

使い方

感想文《かんそうぶん》を書《か》くときは、あらすじの枝葉末節《しようまっせつ》を説明《せつめい》するより、お話《はなし》のなかにどう感動《かんどう》したかを伝《つた》えることが大切《たいせつ》だ。

これも覚えよう

「末節《まっせつ》」には「文章《ぶんしょう》の終《お》わりの一《いち》部分《ぶぶん》」「晩年《ばんねん》、老後《ろうご》」の意味《いみ》もある。

さ

災害《さいがい》にそなえて必要《ひつよう》なものをまとめておこう！
きりっ
まず食料《しょくりょう》と着替《きが》えね
お気《き》に入《い》りのフリルのブラウス入《い》れよ
オラのガンダムロボおパンツも入《い》れて
お気《き》に入《い》りって…
災害時《さいがいじ》にフリルはないだろう
やっぱりはでかしら
じゃあオラのおパンツをいっぱい入《い》れて
ダメ。私《わたし》が結婚前《けっこんまえ》に買《か》った下着《したぎ》が先《さき》よ
えっ、あの勝負《しょうぶ》おパンツを？
そんなどうでもいい枝葉末節《しようまっせつ》の話《はなし》じゃなくて…

支離滅裂《しりめつれつ》

支離《しり》＝はなればなれ。ばらばら。
滅裂《めつれつ》＝さけたり破《やぶ》れたりして、もとの形《かたち》がなくなる。

意味

めちゃくちゃな。話《はなし》の筋《すじ》が通《とお》らない。

使い方

学芸会《がくげいかい》の劇《げき》は、準備《じゅんび》が間《ま》に合《あ》わなかったため、出番《でばん》やセリフの順番《じゅんばん》をまちがえた**支離滅裂**《しりめつれつ》な内容《ないよう》に終《お》わってしまった。

これも覚えよう

反 **理路整然**《りろせいぜん》 話《はなし》がわかりやすく、筋道《すじみち》が通《とお》っている。「先生《せんせい》の話《はなし》はいつも～としている」

昔《むかし》むかし、かけっこでかめに勝《か》ったうさぎは……
まけた…
そのごほうびに、魔法《まほう》でシンデレラにしてもらい
アブラカタブラ
12時《じ》になったら馬車《ばしゃ》で月《つき》に帰《かえ》っていきました
さようなら～
支離滅裂《しりめつれつ》すぎるどー
おゆうぎ会《かい》の台本《だいほん》よ ネネがつくったの
台本
どうしてぼくがかめなんだ!?

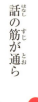

心《しん》機《き》一《いっ》転《てん》

心機《しんき》＝心《こころ》の働《はたら》き。気《き》持《も》ち。＊「心気」「新規」はまちがい。
一転《いってん》＝がらりと変《か》わる。

意味

あることをきっかけに、すっかり前《まえ》向《む》きな気《き》持《も》ちになること。

使い方

トレードで新球団《しんきゅうだん》に移籍《いせき》したタナカ選手《せんしゅ》は「新《あたら》しい球団《きゅうだん》で、**心機**《しんき》**一転**《いってん》がんばります！」と元気《げんき》よくインタビューに答《こた》えた。

これも覚えよう

一変《いっぺん》**する**　ようすが変《か》わる。
急変《きゅうへん》**する**　急《きゅう》に悪《わる》くなる。
激変《げきへん》**する**　大《おお》きく変《か》わる。
豹変《ひょうへん》**する**　態度《たいど》が変《か》わる。

会社《かいしゃ》でもミッチーを忘《わす》れられなくて
だったらバリバリ働《はたら》いて早《はや》く帰《かえ》ればいいじゃないか
野原《のはら》さん
そうですね ぼく、がんばってみます
バリバリやるぞー
待《ま》ってろミッチー♥
すごい…！
心機一転《しんきいってん》して、仕事《しごと》に集中《しゅうちゅう》できたそうです
ゴロニャン
単純《たんじゅん》なヤツ…

神出鬼没《しんしゅつきぼつ》

神出《しんしゅつ》＝霊魂《れいこん》（たましい）や神《かみ》が姿《すがた》を現《あらわ》す。
鬼没《きぼつ》＝霊魂《れいこん》（たましい）や神《かみ》が姿《すがた》を消《け》す。
＊「進出」はまちがい。

意味

とつぜん現《あらわ》れたり消《き》えたりする。

使い方

「アルセーヌ・ルパンシリーズ」はフランスの大作家《だいさっか》ルブランが考《かんが》えた、神出鬼没《しんしゅつきぼつ》の大《おお》どろぼうのお話《はなし》だ。

これも覚えよう

天地神明《てんちしんめい》　すべての神《かみ》。「～にちかって、これはうそではありません」

す～っ
!!
ばっ
おはようございます
ボールはそこです
黒磯《くろいそ》さんって神出鬼没《しんしゅつきぼつ》だよね
こんどは電柱《でんちゅう》だよ

信賞必罰《しんしょうひつばつ》

信賞《しんしょう》=ほうびをあたえる。
必罰《ひつばつ》=罪《つみ》を犯《おか》した人《ひと》を必《かなら》ず罰《ばっ》する。

意味

ほめられる結果《けっか》を残《のこ》したらほうびをあたえ、悪《わる》いことをしたら必《かなら》ず罰《ばつ》をあたえる。

使い方

売《う》り上《あ》げをのばした人《ひと》には臨時《りんじ》ボーナスを出《だ》し、減《へ》らした人《ひと》には口頭注意《こうとうちゅうい》。このような信賞必罰《しんしょうひつばつ》のルールで、会社《かいしゃ》を大《おお》きくした。

これも覚えよう

罪《つみ》を憎《にく》んで人《ひと》を憎《にく》まず 犯《おか》した罪《つみ》をにくんで、犯人《はんにん》をにくんではいけないという教《おし》え。

母《かあ》ちゃん これチカン？
どすっ
この、エロおやじ!!
ありがとうございました
いやぁ〜どういたしまして
おー
チカンは警察《けいさつ》に 自分《じぶん》にはバーゲンのごほうびよ
自分《じぶん》のばっか！
ホホホ

四字熟語 コミックス劇場——その 5

世界《せかい》の終《お》わりは 支《し》離《り》滅《めつ》裂《れつ》の巻《まき》

君《きみ》は 根本《ねもと》はるみの乳《ちち》を見て 宇宙《うちゅう》を感《かん》じた事《こと》があるかね？
ぴくっ
い 今《いま》何《なん》と…？
宇宙《うちゅう》ですよ 彼女《かのじょ》の乳《ちち》は
あなたはすばらしい方《かた》だ!!
同志《どうし》よ!!
がっし
これから どーしよ なんちゃそ
いっしょに メモをさがしましょう!!
ありがとう!! おっと 目《め》の奥《おく》からなんだか熱《あつ》いものが…
そのメモの厚《あつ》さは？
たしか これくらいでした
そのメモにはなんと書《か》いてありましたか？
『ダイコン1本《いっぽん》 ニンジン2本《にほん》』です!!
もし それが悪人《あくにん》の手《て》に渡《わた》ったら？
日本《にほん》…いや世界《せかい》は終《お》わりだ!!
スパイ映画《えいが》好《ず》きの2人《ふたり》であった

コミックス40巻《かん》「秋田《あきた》に帰省中《きせいちゅう》〜!! じいちゃんとばあちゃんにはオラも負《ま》けそう〜編《へん》 その5」より

クイズで挑戦　四字熟語

まちがった漢字《かんじ》をさがして

①〜⑧は、それぞれ1つの漢字《かんじ》がまちがっているよ。その漢字《かんじ》に○をつけて正《ただ》しい漢字《かんじ》を□に書《か》こう。

例　本末転倒　→　本㊣転倒　末

① 朝礼暮改 □

② 言語同断 □

③ 気色満面 □

④ 一身同体 □

⑤ 晴天白日 □

⑥ 公明盛大 □

⑦ 進出鬼没 □

⑧ 短刀直入 □

★答《こた》えは177ページにあるよ。

針小棒大《しんしょうぼうだい》

針小《しんしょう》＝針《はり》のように小《ちい》さい。
棒大《ぼうだい》＝棒《ぼう》のように大《おお》きい。 ＊「膨大」はまちがい。

意味

大《おお》げさに言《い》う。尾《お》ひれをつけて。

使い方

ひまわりが転《ころ》んで、おでこをすりむいた。それを、しんちゃんは「おでこが割《わ》れて、血《ち》がふん水《すい》のように出《で》たよ」と**針小棒大《しんしょうぼうだい》**に言《い》いふらした。

これも覚えよう

類 **大言壮語《たいげんそうご》** 実力《じつりょく》がないのに大《おお》きなことを言《い》う。「簡単《かんたん》に勝《か》てるよと～した」

……
おえ～っ ゴホゴホ
だいじょうぶ？
まつざか先生《せんせい》がはいてたわ
えっ 体《からだ》のぐあいが悪《わる》いの？
大《おお》きな病気《びょうき》かも…
悪《わる》い病気《びょうき》じゃないといいけど
えーっ
もしかしたらあと二日《ふつか》の命《いのち》とか？
みんな針小棒大《しんしょうぼうだい》に考《かん》えすぎよ
先生《せんせい》死《し》なないで～!!
ただの二日《ふつか》よい 心配《しんぱい》しないで

深謀遠慮《しんぼうえんりょ》

深謀《しんぼう》＝深《ふか》く考《かんが》えた計画《けいかく》やたくらみ。
遠慮《えんりょ》＝遠《とお》い将来《しょうらい》のことをよく考《かんが》える。

意味

遠《とお》い将来《しょうらい》を見《み》こして、いろいろ深《ふか》く考《かんが》えた細《こま》かな計画《けいかく》をはりめぐらす。「深慮遠謀《しんりょえんぼう》」とも書《か》く。

使い方

社会人《しゃかいじん》としてのマナーを早《はや》く身《み》に付《つ》けてほしいという**深謀遠慮《しんぼうえんりょ》**から、母《はは》は高校生《こうこうせい》の子《こ》どもに、あえてアルバイトをさせた。

これも覚えよう

「遠慮《えんりょ》」には「人《ひと》に対《たい》して、言葉《ことば》や行動《こうどう》をひかえる」という意味《いみ》もある。

さ

たい
まあ、ひまわり 絵《え》がじょうずね
クレヨンと スケッチブックよ
思《おも》いきり かきなさい
きゃい
こうして才能《さいのう》を育《そだ》て 二〇年後《ねんご》に一流《いちりゅう》の画家《がか》に!? これって深謀遠慮《しんぼうえんりょ》？
将来《しょうらい》は天才画家《てんさいがか》のママよ
天才に育てるひけつは？
かきかき
ホホホ

森羅万象《しんらばんしょう》

森羅《しんら》＝天《てん》と地《ち》の間《あいだ》にあるすべてのもの。
万象《ばんしょう》＝すべての形《かたち》あるもの。＊「まんぞう」「ばんぞう」とも読《よ》む。

意味

この世《よ》にあるものや起《お》こることのすべて。一切《いっさい》のもの。万物《ばんぶつ》。

使い方

森《もり》にハイキングに来《き》たみさえは「森《もり》は気持《きも》ちがいいわ。山《やま》、花《はな》、虫《むし》、森羅万象《しんらばんしょう》が心《こころ》をリラックスさせてくれるもの」と感動《かんどう》した。

これも覚えよう

類 有象無象《うぞうむぞう》 ①形《かたち》のあるものもないものもすべて。②ろくでもない連中《れんちゅう》。「あんな～は相手《あいて》にしてはだめだ」

かまくらできた
遊《あそ》んだり
おどろいたり
キレイだぞ
おっ、虹《にじ》だ
春《はる》には暖《あたた》かくなって植物《しょくぶつ》の芽《め》も出《で》る
心安《こころやす》らいだり
森羅万象《しんらばんしょう》はすばらしいな～
ぜんらでかんちょう？

晴耕雨読《せいこううどく》

晴耕《せいこう》＝晴《は》れた日《ひ》は田畑《たはた》を耕《たがや》す。
雨読《うどく》＝雨《あめ》の日《ひ》は家《いえ》で読書《どくしょ》をする。

意味

（晴《は》れた日《ひ》は田畑《たはた》を耕《たがや》し、雨《あめ》の日《ひ》には家《いえ》で読書《どくしょ》をするような）世間《せけん》のわずらわしさをはなれた、のんびりとしたくらし。

使い方

農業《のうぎょう》のかたわら、読書《どくしょ》にいそしむ。父《ちち》は**晴耕雨読**《せいこううどく》の生活《せいかつ》にあこがれている。

これも覚えよう

類 悠悠自適《ゆうゆうじてき》 のんびりとくらすこと。

さ

うん、いい具合《ぐあい》に育《そだ》っているぞ
お茶《ちゃ》よ
ありがとう
晴耕雨読《せいこううどく》の生活《せいかつ》はいいなあ
そうなったら
母《かあ》ちゃん畑《はたけ》を耕《たがや》すかな？
無理《むり》だな
ぽりぽり

誠心誠意《せいしんせいい》

意味

相手《あいて》のためにまごころをもって行動《こうどう》するようす。

使い方

ある日《ひ》、いそうろうのむさえが変身《へんしん》した。「明日《あす》から、お姉《ねえ》ちゃんとヒロシさん、そして、しんちゃんのために**誠心誠意**《せいしんせいい》、家事《かじ》を手伝《てつだ》います」。みんな、ビックリ。言《こと》葉《ば》が出《で》なかった。

誠心《せいしん》＝まごころ。
誠意《せいい》＝誠実《せいじつ》な考《かんが》え。

天子《てんこ》さんと手《て》をつなごうとしたらおこられちゃった
親方《おやかた》あやまれば？
よし誠心誠意《せいしんせいい》心《こころ》からあやまるぞ
さっきはすまねぇもう二度《にど》とあんなことは…
もう、いいのよ
手《て》つなご！
いいわよ
あ〜っ

正正堂堂《せいせいどうどう》

正正《せいせい》＝正《ただ》しく整《ととの》っている。
堂堂《どうどう》＝りっぱで力強《ちからづよ》い。

意味

態度《たいど》やり方《かた》が正《ただ》しく、りっぱな。

使い方

よしなが先生《せんせい》とまつざか先生《せんせい》が、発表会《はっぴょうかい》の順番《じゅんばん》をくじ引《び》きで決《き》めることになった。「正正堂堂《せいせいどうどう》と戦《たたか》いましょう！」。二人《ふたり》は、大《おお》げさにちかってくじをひいた。

これも覚えよう

正正堂堂《せいせいどうどう》は中国《ちゅうごく》の昔《むかし》の兵法《へいほう》の本《ほん》に記《しる》された「正正《せいせい》の旗《はた》～、堂堂《どうどう》の陣《じん》～」を短《みじか》くした言葉《ことば》。軍隊《ぐんたい》の兵《へい》士《し》の配置《はいち》が正《ただ》しく整《ととの》い、元気《げんき》がある状態《じょうたい》を指《さ》している。

わたしの勝《か》ちだ、ヌパン
お宝《たから》はいただくよ
みぃね子《こ》ちゃん…
人質《ひとじち》をとるなんてひきょうだぞ怪盗《かいとう》ショパン
なに⁉
怪盗《かいとう》なら正正堂堂《せいせいどうどう》とぬすみで勝負《しょうぶ》だ！
いいだろう何《なに》をぬすむんだ？
みぃね子《こ》ちゃんのハートさ

さ

青天白日《せいてんはくじつ》

青天《せいてん》＝真《ま》っ青《さお》に晴《は》れている空《そら》。青空《あおぞら》。＊「晴天」はまちがい。
白日《はくじつ》＝白《しろ》くかがやく太陽《たいよう》。昼間《ひるま》。

意味

①疑《うたが》いをもたれることや秘密《ひみつ》が少《すこ》しもない。②（犯人《はんにん》あつかいされていた）疑《うたが》いが晴《は》れ、無実《むじつ》が確《たし》かめられる。

類 清廉潔白《せいれんけっぱく》（131ページ）

使い方

①青天白日《せいてんはくじつ》のわたしに、こわいものはなかった。②アクション小《しょう》学校《がっこう》のニワトリ小屋《こや》のドアがだれかにこわされ、ニワトリ当番《とうばん》だった中村《なかむら》くんが疑《うたが》われた。でも、次《つぎ》の日《ひ》にドアが壊《こわ》れた原因《げんいん》がわかり、中村《なかむら》くんは青天白日《せいてんはくじつ》の身《み》となった。

パールのネックレス知《し》らない？
知《し》らないぞ
かくしたんじゃないの？
犯人《はんにん》は犯行現場《はんこうげんば》に現《あらわ》れるから
ひまわりがとったんだよ
持《も》ってないじゃない？
ほらあれを見《み》ろよ
あらほんと
オラは青天白日《せいてんはくじつ》の身《み》だぞ!!
んべろ

清廉潔白《せいれんけっぱく》

清廉《せいれん》＝心《こころ》が清《きよ》らかな。
潔白《けっぱく》＝心《こころ》が美《うつく》しく、やましいことがない。

意味

心《こころ》や行《おこな》いが清《きよ》く正《ただ》しく、やましいことがまったくない。清《きよ》らか。

類 青天白日《せいてんはくじつ》（130ページ）

使い方

ある日《ひ》の野原家《のはらけ》——。みさえが「あなた、なにかコソコソしてない？」とヒロシをにらんだ。

ヒロシは「なんだよ。オレはいつでも**清廉潔白**《せいれんけっぱく》。やましいことは何《なに》ひとつないぜ」とキャバクラの名刺《めいし》を捨《す》てた。

花《はな》を育《そだ》てているんですか？
みんなに分《わ》けてあげようと思《おも》いまして
わあきれい
ありがとう
ぼくも手伝《てつだ》います
みんながすくすくと成長《せいちょう》する手助《てだす》けをしたいのです
人格《じんかく》は清廉潔白《せいれんけっぱく》なのよね～
にこにこ
笑《わら》う練習《れんしゅう》してるけどね

さ

切磋琢磨《せっさたくま》

切磋《せっさ》＝骨《ほね》や角《つの》を切《き》ったりみがく。努力《どりょく》を重《かさ》ねる。
琢磨《たくま》＝玉《ぎょく》（宝石《ほうせき》）をとぎ、みがく。学問《がくもん》や技術《ぎじゅつ》を向上《こうじょう》させる。

意味

友《とも》だちどうしで競《きそ》い合《あ》って、たがいが向上《こうじょう》する。

使い方

「わたし、五〇回《かい》できたわ」「ぼくは三〇回《かい》が最高《さいこう》」。二人《ふたり》は、とべたなわとびの回数《かいすう》をたがいに切磋琢磨《せっさたくま》する仲《なか》だった。

これも覚えよう

- **切**《せつ》 切《き》る、きざむ。
- **磋**《さ》 玉《ぎょく》や角《つの》をみがく。
- **琢**《たく》 玉《ぎょく》や石《いし》をとぎ、形《かたち》を整《ととの》える。
- **磨**《ま》 石《いし》をみがく。

この問題《もんだい》の解《と》き方《かた》はね…
なるほど
そうやって解《と》くのか
実力《じつりょく》テストは負《ま》けないぞ
ぼくも
みんなライバルね
塾《じゅく》には切磋琢磨《せっさたくま》できる仲間《なかま》がいていいね
オラたちも
がんばろう
あれっ？
発表会《はっぴょうかい》の練習《れんしゅう》だよ
どっちが似《に》てる？
もちろんぼくだよね？
あれも切磋琢磨《せっさたくま》？

絶体絶命《ぜったいぜつめい》

絶体《ぜったい》＝体《からだ》のピンチ。＊「絶対」はまちがい。
絶命《ぜつめい》＝命《いのち》が絶《た》える。死《し》。

意味

追《お》いつめられた状態《じょうたい》（134ページ）。どたんば。ピンチ。

使い方

しんちゃんが顔《かお》を真《ま》っ赤《か》に、体《からだ》をふるわせながらあせっている。「もれる〜。もうガマンの限界《げんかい》！絶体絶命《ぜったいぜつめい》だ〜!!」と思《おも》ったしゅん間《かん》、トイレを発見《はっけん》。いちもくさんにかけこんで、命《いのち》びろいをした。

みんなー お待《ま》たせ…
あっ！
ガツッ
しまった このままでは 転《ころ》ぶ…！
けがするし ジュースとケーキが こぼれる…
絶体絶命《ぜったいぜつめい》の 大《だい》ピンチだ！
しゅたたっ
はっ
ガポッ
わ〜〜ん
みんな ありがとう ね〜
ぶじで よかったね
ジュースは 全部《ぜんぶ》 飲《の》んじゃった けどね
ゲプ

「絶体《ぜったい》」「絶命《ぜつめい》」は不吉《ふきつ》な星《ほし》を意味《いみ》する占《うらな》いの言葉《ことば》

知《し》っていますか？「絶体絶命《ぜったいぜつめい》の大《だい》ピンチ！」のゼッタイは、「絶体《ぜったい》」が正解《せいかい》で、「絶対《ぜったい》」はまちがいだということを。「絶体《ぜったい》」は「体《からだ》をこわす」ことを意味《いみ》し、「絶命《ぜつめい》」は「命《いのち》をこわす」、つまり死《し》んでしまうことをいいます。

この二《ふた》つの言葉《ことば》は、日本《にほん》では室町時代《むろまちじだい》（約《やく》六〇〇年《ねん》前《まえ》）に最初《さいしょ》にはやった、「九星占《きゅうせいうらな》い」という、中国《ちゅうごく》から伝《つた》えられた占《うらな》いで使《つか》われる言葉《ことば》です。

九星占《きゅうせいうらな》いでは、一《いち》から九《きゅう》までの九《ここの》つの数字《すうじ》を、たて、横《よこ》、ななめ、どのようにたしても十五《じゅうご》になる「魔方陣《まほうじん》」の形《かたち》に並《なら》べて占《うらな》いを進《すす》めます。

魔方陣

四	九	二
三	五	七
八	一	六

おみくじと同《おな》じように、この占《うらな》いにも大吉《だいきち》や吉《きち》があり、その中《なか》でも、「絶体《ぜったい》」「絶命《ぜつめい》」はともによくないことを予見《よけん》する「凶星《きょうせい》」（不吉《ふきつ》な星《ほし》）の名《な》前《まえ》です。

ちなみに、「絶対《ぜったい》にやめてよ」の「絶対《ぜったい》」の意味《いみ》は「なにがあっても」「比《くら》べるものがないほど」です。「絶体《ぜったい》」とわけて覚《おぼ》えておきましょう。

千載一遇《せんざいいちぐう》

千載《せんざい》＝千年《せんねん》。長《なが》い年月《としつき》。
一遇《いちぐう》＝たまたま出会《であ》う。

意味

（千年《せんねん》に一回《いっかい》しかないような）二《に》度《ど》とないチャンス。

使い方

デパートの屋上《おくじょう》で開《ひら》かれたアイドルのサイン会《かい》。休《やす》み時間《じかん》にトイレに行《い》ったしんちゃんは、入《い》り口《ぐち》でアイドルとバッタリ。これぞ、**千載一遇**《せんざいいちぐう》のチャンス！「うんちはしないんですか」と聞《き》きながら、サインをねだった。

これも覚えよう

載《さい》「年《とし》」と同《おな》じ意味《いみ》。
遇《ぐう》思《おも》いがけず出《で》くわすこと。

あ〜 女子寮《じょしりょう》に入《はい》っちゃった！
えっ、女子寮《じょしりょう》？
ばっ
オラが取《と》ってくるよ
ぞぞぞ
女子寮《じょしりょう》に入《はい》れるなんて千載一遇《せんざいいちぐう》のチャンスだぞ!!
おそいなしんのすけ
しかられてるのかなぁ
おしおきされてたりして…
ボール投《な》げこんだバッ〜
うまいね
キャハハ
おどれおどれ〜

千差万別《せんさばんべつ》

千差《せんさ》＝千《せん》のちがい。多《おお》くのちがい。
万別《ばんべつ》＝さまざまであること。＊「まんべつ」とも読《よ》む。

意味

いろいろな種類《しゅるい》の物《もの》があり、それぞれ、さまざまなちがいがある。いろいろ。

類 十人十色《じゅうにんといろ》（111ページ）

使い方

「英会話《えいかいわ》を勉強《べんきょう》したい」というけれど、外国人《がいこくじん》に習《なら》うものからコンピュータを使《つか》うものまで、勉強《べんきょう》の仕方《しかた》は**千差万別《せんさばんべつ》**。いろいろあるよ。

これも覚えよう

類 多種多様《たしゅたよう》　いろいろな。「メモにしたり折《お》り紙《がみ》にしたり物《もの》をつつんだり。紙《かみ》の使《つか》い方《かた》は〜だ」

好《す》きなことは一人《ひとり》ひとりちがうよ
ボクは勉強《べんきょう》が好《す》きです
ネネはイケメンがだあ〜い好《す》き
お酒《さけ》や子《こ》どもが好《す》きな人《ひと》もいればわら人形《にんぎょう》が好《す》きな人《ひと》もいる
園児《えんじ》が好《す》きです
ボクは虫《むし》いじり
ブランド品《ひん》が大好《だいす》きよ
石《いし》かな〜
ボ
オラはカザマくんのはじける肉体《にくたい》がスキー
気色《きしょく》悪《わる》いこと言《い》うな!!

前人未踏《ぜんじんみとう》

前人《ぜんじん》＝今《いま》より前《まえ》の人《ひと》。昔《むかし》の人《ひと》。＊「全人」はまちがい。
未踏《みとう》＝だれも足《あし》を踏《ふ》み入《い》れていない。＊「未到《みとう》」とも書《か》く。

意味

今《いま》までだれも達成《たっせい》していないこと。

使い方

二〇一七年《ねん》、横綱《よこづな》・白鵬《はくほう》は、**前人未踏《ぜんじんみとう》**の通算《つうさん》1048勝《しょう》の新記録《しんきろく》を達成《たっせい》。「満足《まんぞく》しています。相撲《すもう》は奥《おく》が深《ふか》い」と語《かた》った。

これも覚えよう

前人《ぜんじん》の反対語《はんたいご》は「後人《こうじん》」（後世《こうせい》の人《ひと》）。

父《とう》ちゃん、なぜそんなにお寿司《すし》を食《た》べてるの？
前人未踏《ぜんじんみとう》の三〇〇皿《さら》を食《た》べきったら
あの車《くるま》がもらえるのよ！
すごい！
苦《くる》し～もう限界《げんかい》だあ～
どんどん
ラーメン
じゃあ、次《つぎ》はラーメン三〇杯《ばい》ね
景品《けいひん》は…。
おれを殺《ころ》す気《き》かー!!

さ

前代未聞《ぜんだいみもん》

前代《ぜんだい》=今《いま》より前《まえ》の時代《じだい》。以前《いぜん》。
未聞《みもん》=聞《き》いたことがない。＊「末聞」はまちがい。

意味

今《いま》までに聞《き》いたことのない（くらいめずらしい）。初《はじ》めての。

使い方

テレビのレポーターがさけんだ。

「おなかをすかしたアザラシが海《うみ》から家《いえ》に入《はい》り、次々《つぎつぎ》と台所《だいどころ》の食《た》べものを食《た》べています。これは、前代未聞《ぜんだいみもん》の事件《じけん》です」

これも覚えよう

類 空前絶後《くうぜんぜつご》（76ページ）

おはよう
びくっ
わ〜ん
こわいよー
慣《な》れてない新入園児《しんにゅうえんじ》をこわがらせないでください
・・・・
でもその顔《かお》で泣《な》かない子《こ》はいないか
おはようござ…
あっ
おろおろ
前代未聞《ぜんだいみもん》だわ!! 泣《な》かない子《こ》がいるなんて!
本人《ほんにん》がおどろいてるわ

千変万化《せんぺんばんか》

千変《せんぺん》＝いろいろに変《か》わる。＊「せんべん」とも読《よ》む。
万化《ばんか》＝さまざまに変《か》わる。

意味

ものごとのようすが変《か》わり続《つづ》ける。変化《へんか》が止《と》まらない。

使い方

季節《きせつ》の変化《へんか》につれて、朝昼夜《あさひるよる》の時《とき》の流《なが》れにつれて、天候《てんこう》の変化《へんか》につれて、**千変万化《せんぺんばんか》**する富士山《ふじさん》の姿《すがた》は見《み》るものをあきさせない。

これも覚えよう

類 **変幻自在《へんげんじざい》** 思《おも》いのままに変化《へんか》する。「アクション仮面《かめん》は、～に姿《すがた》を変《か》える敵《てき》と戦《たたか》っていた」

雲《くも》って、形《かたち》が変《か》わるよな
ぼうしだ
こっちはイルカだな
あっ、犬《いぬ》になった
千変万化《せんぺんばんか》してるな
オマエ、難《むずか》しい言葉《ことば》知《し》ってるな
あれ鳥《とり》の巣《す》っぽくないか?
小鳥《ことり》が出《で》てきたよ
あれは犬《いぬ》のフンだ
!!
竜子《りゅうこ》!

創意工夫《そういくふう》

創意《そうい》＝新《あたら》しい思《おも》いつき。
工夫《くふう》＝よいやりかたや方法《ほうほう》を考《かんが》え出《だ》す。

意味

新《あたら》しい思《おも》いつきや工夫《くふう》。

使い方

みさえが、ひまわりの着《き》るエプロンをぬった。ポケットにひまわりの形《かたち》のアップリケ、すそにひまわりの葉《は》の形《かたち》のひらひらなど、創意工夫《そういくふう》のあとが見《み》られるかわいいエプロンだった。

ミッチーは
いないいな…
水着《みずぎ》アイドルのDVDに「仕事資料《しごとしりょう》」のシールをはって
ばれないように創意工夫《そういくふう》してと…
仕事資料
あれ引《ひ》きだしが開《あ》いてるわ
人のメモリー
ミッチー私物
会社資料
「仕事資料《しごとしりょう》」に水着《みずぎ》アイドル？うまく工夫《くふう》したわね〜
仕事資料

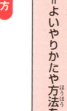

相思相愛《そうしそうあい》

相思《そうし》＝おたがいに恋《こい》しく思《おも》う。
相愛《そうあい》＝おたがいに愛《あい》し合《あ》う。

意味

おたがいが相手《あいて》を恋《こい》しく思《おも》い、愛《あい》し合《あ》っている。両思《りょうおも》い。

使い方

「父《とう》ちゃんと母《かあ》ちゃんの昔《むかし》の写真《しゃしん》、見《み》つけたゾ」としんちゃん。「なつかしー。本当《ほんとう》に**相思相愛《そうしそうあい》**の仲《なか》だったのよ、あのころは」って、あれ？

これも覚えよう

対 **片思《かたおも》い**　一方的《いっぽうてき》に好《す》きなこと。

あばたもえくぼ　好《す》きになると、相手《あいて》の欠点《けってん》も美点《びてん》に見《み》える。あばた（病気《びょうき》のあと）は欠点《けってん》のたとえ。

じいちゃん♥
しんのすけ♥
じょりじょり
再会《さいかい》のあいさつ
わしとしんのすけは相思相愛《そうしそうあい》だ
がしっ
耳《みみ》そうじ そーかい！ 男《おとこ》の愛情《あいじょう》！
おふくろとけんかして家出《いえで》したんだって
あそぶぞー！
おーっ
それが言《い》えないからしんのすけを口実《こうじつ》にしたのね

即断即決《そくだんそっけつ》

即断《そくだん》＝すぐに判断《はんだん》する。
即決《そっけつ》＝すぐに決《き》める。＊「速断速決」はまちがい。

意味

ぐずぐずしないで、すぐに決《き》める。

対 優柔不断《ゆうじゅうふだん》（198ページ）

使い方

「今《いま》から三〇分《ぷん》、人気《にんき》のあのゲームが半額《はんがく》です」という店内放送《てんないほうそう》が流《なが》れると、**即断即決《そくだんそっけつ》**で買《か》う人《ひと》が次々《つぎつぎ》とあらわれた。

これも覚えよう

対 **熟慮断行《じゅくりょだんこう》** しっかり考《かんが》えてから、思《おも》い切《き》って実行《じっこう》する。「田舎《いなか》の祖父《そふ》は、なにごとも軽々《かるがる》しく決《き》めず、～する人《ひと》だったそうだ」

あなた部屋《へや》のもよう替《が》え手伝《てつだ》って
今《いま》のままでいいじゃん寝《ね》かせてくれよ～
ピンポーン
ご主人《しゅじん》にもよう替《が》えのお手伝《てつだ》いお願《ねが》いしたいのん
門呂《もんろ》さん
主人《しゅじん》はまだねてますので…
ガタッ
あなたの美《うつく》しい声《こえ》で目覚《めざ》めました
まあ
やりましょう！即断即決《そくだんそっけつ》です!!
まかせてください
美人《びじん》の部屋《へや》ならやるのね

た行《ぎょう》の四《よ》字《じ》熟《じゅく》語《ご》

たいがんじょうじゅ【大願成就】
たいきばんせい【大器晩成】
たいぎめいぶん【大義名分】
だいたんふてき【大胆不敵】
だいどうしょうい【大同小異】
たじたなん【多事多難】
たんとうちょくにゅう【単刀直入】
ちょうさんぼし【朝三暮四】
ちょうれいぼかい【朝令暮改】

ちょとつもうしん【猪突猛進】
てきざいてきしょ【適材適所】
てっとうてつび【徹頭徹尾】
てんいむほう【天衣無縫】
でんこうせっか【電光石火】
てんしんらんまん【天真爛漫】
てんぺんちい【天変地異】
どうしょういむ【同床異夢】
とうほんせいそう【東奔西走】

大願成就《たいがんじょうじゅ》

大願《たいがん》=大《おお》きな願《ねが》い。＊「だいがん」とも読《よ》む。
成就《じょうじゅ》=願《ねが》いがかなう。

意味

大《おお》きな願《ねが》いや夢《ゆめ》がかなえられること。

使い方

学問《がくもん》の神様《かみさま》、菅原道真《すがわらのみちざね》をまつる北野天満宮《きたのてんまんぐう》（京都府《きょうとふ》）は、受験《じゅけん》シーズンになると志望校合格《しぼうこうごうかく》の**大願《たいがん》成就《じょうじゅ》**を願《ねが》う受験生《じゅけんせい》でにぎわう。

これも覚えよう

悲願《ひがん》 ぜひ達成《たっせい》したいと念《ねん》じていた願《ねが》い。「二〇代最後《だいさいご》の夏休《なつやす》みに彼氏《かれし》をつくる。これがまつざか先《せん》生《せい》の～だった」

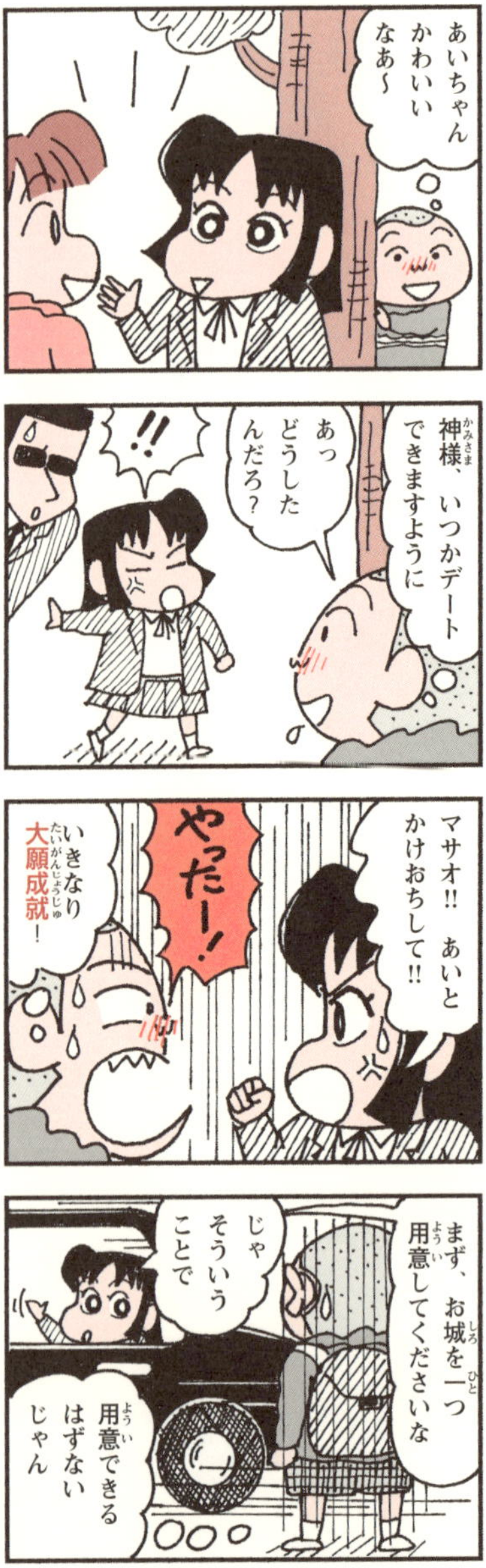

あいちゃんかわいいなあ～
神様《かみさま》、いつかデートできますように
あっどうしたんだろ？
!!
マサオ!! あいとかけおちして!!
やったー!
いきなり大願成就《たいがんじょうじゅ》！
まず、お城《しろ》を一《ひと》つ用意《ようい》してくださいな
じゃそういうことで
用意《ようい》できるはずないじゃん

大器晩成《たいきばんせい》

大器《たいき》＝大《おお》きな器《うつわ》。大人物《だいじんぶつ》。＊「大気」はまちがい。
晩成《ばんせい》＝長《なが》い時間《じかん》をかけて完成《かんせい》する。

意味

すごい人《ひと》は完成《かんせい》するのが遅《おそ》いということ。「大《おお》きな器《うつわ》は完成《かんせい》するまでに時間《じかん》がかかること」からきている。

才能《さいのう》がありながら、それを生《い》かせない人《ひと》をなぐさめる言葉《ことば》として使《つか》うこともある。

使い方

おじいちゃんは三歳《さんさい》の孫《まご》にいつも言《い》っている。「おまえは、将来《しょうらい》きっとでかいことをやる！　**大器晩**《たいきばん》**成**型《せいがた》の人間《にんげん》じゃあ」

ボーとしてるからボーちゃん
いつものんびりしている
でも鼻水芸《はなみずげい》ができるよ
それに、石《いし》のコレクションもすごいよ
大人《おとな》になったらすごい鼻水芸《はなみずげい》の芸人《げいにん》になっているかも！
数十年後《すうじゅうねんご》に化石《かせき》やいん石《せき》を発見《はっけん》して有名《ゆうめい》になっているかもしれないよ！
ずっと先《さき》だろうけど
すごい人《ひと》になりそう
きっと大器晩成《たいきばんせい》の人《ひと》だよね

た

大《たい》義《ぎ》名《めい》分《ぶん》

大義《たいぎ》＝人《ひと》として行《おこな》うべき正《ただ》しい道理《どうり》。
名分《めいぶん》＝身分《みぶん》などに応《おう》じて守《まも》らなければならないこと。

意味

だれもがもっともだと認《みと》める道《どう》理《り》や理由《りゆう》。いいわけ。

もともとは、中国《ちゅうごく》の儒教《じゅきょう》という考《かんが》え方《かた》で、家来《けらい》として守《まも》らなければならないことを示《しめ》した言葉《ことば》だったが、今《いま》では「ある行動《こうどう》を正《ただ》しいとわからせる理由《りゆう》」「やましくない口実《こうじつ》」を意味《いみ》するようになった。

使い方

「お父《とう》さんは『仕事《しごと》だから』という**大義名分《たいぎめいぶん》**を立《た》てて、毎晩《まいばん》よっぱらって帰《かえ》ってきます」

博士《はかせ》 それ、何《なに》？
世紀《せいき》の大発明《だいはつめい》だよ！
ライトを当《あ》てた相手《あいて》と仲《なか》よくなれるんだ
ビビビビーン
ケンカをしていても…
すぐ仲《なか》よしに
ピッ
これで争《あらそ》いのない平和《へいわ》な世《よ》の中《なか》が作《つく》りたいんだよ
それは表向《おもてむ》きの大義名分《たいぎめいぶん》でしょ？本当《ほんとう》の目的《もくてき》は？
フラワーショップ
あの人《ひと》と仲《なか》よくなりたくて…
自分《じぶん》で言《い》わなきゃ！

大胆不敵《だいたんふてき》

大胆《だいたん》＝度胸《どきょう》がある。
不敵《ふてき》＝敵《てき》を敵《てき》とも思《おも》わない。おそれ知《し》らず。

意味

どんなこともこわがらず、ものごとをおそれない。

使い方

「まわりと同《おな》じでは注目《ちゅうもく》されない」と考《かんが》えた原田《はらだ》さんは、みんなの前《まえ》で劇団長《げきだんちょう》に「自分《じぶん》を主役《しゅやく》にして！」と主張《しゅちょう》する**大胆不敵《だいたんふてき》**な行動《こうどう》に出《で》た。

これも覚えよう

胆《きも》　気力《きりょく》、精神力《せいしんりょく》。
肝《きも》っ玉《たま》が太《ふと》い　度胸《どきょう》がある。
肝《きも》を冷《ひ》やす　おそろしくて、ヒヤッとする。「とつぜん車《くるま》がつっこんできて、肝《きも》を冷《ひ》やした」

ふわっ
じたばた
うがらあっ
たい
ほー
ひまわりって大胆不敵《だいたんふてき》だな
くーっ!!
ふーっ!!

た

大同小異《だいどうしょうい》

大同《だいどう》=だいたい同《おな》じである。小異《しょうい》=小《ち》さなちがい。＊「小違」はまちがい。

意味

わずかなちがいはあるが、だいたいが同《おな》じ。似《に》たりよったり。

類 同工異曲《どうこういきょく》（20ページ）

使い方

「この二冊《にさつ》のガイドブック、どっちがいい？」となやむみさえに、ヒロシが答《こた》えた。「ページ数《すう》もガイドしている場所《ばしょ》もほぼ同《おな》じ。内容《ないよう》は大同小異《だいどうしょうい》だから、値段《ねだん》で決《き》めたら？」

オラが作《つく》ったの
絹《きぬ》ごしどうふだね
うん？どうした？
木綿《もめん》どうふを作《つく》ったのに…
!!
今日《きょう》は、木綿《もめん》かうまくできているな
えっ？
今日のは絹《きぬ》ごしよ
大同小異《だいどうしょうい》だろ

多事多難《たじたなん》

多事《たじ》＝たくさんの事件《じけん》。＊「他事」はまちがい。
多難《たなん》＝たくさんの災難《さいなん》やよくないできごと。

意味

事件《じけん》やよくないできごとが多《おお》い。波乱《はらん》の。

類 **波乱万丈《はらんばんじょう》**（173ページ）

使い方

「今年《ことし》はあなたがケガをしたり、おばあちゃんが入院《にゅういん》したり、おじさんが交通事故《こうつうじこ》にあったり、**多事《たじ》多難《たなん》**な一年《いちねん》だったわねえ」

これも覚えよう

対 **平穏無事《へいおんぶじ》** とくに変《か》わったことがなく、おだやかなようす。「今日《きょう》は〜な一日《いちにち》だった」

会社《かいしゃ》で
家《いえ》で
きんっ
キャバクラ
カスガヤマ
レナ
ひろしさん まってます♥
あなた!!
ボカッ
今日《きょう》の父《とう》ちゃんは多事多難《たじたなん》だな

た

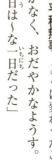

単刀直入《たんとうちょくにゅう》

単刀《たんとう》＝ひとふり（一本《いっぽん》）の刀《かたな》。＊「短刀」はまちがい。
直入《ちょくにゅう》＝敵《てき》の陣地《じんち》にま正面《しょうめん》から切《き》りこむこと。

意味

めんどうなことをぬきにして、いきなり本題《ほんだい》に入《はい》る。ズバリ。

使い方

子《こ》ども番組《ばんぐみ》の司会者《しかいしゃ》になったしんちゃん。たくさんのおねえさんに囲《かこ》まれ、「ぼくと結婚《けっこん》しませんか?」と**単刀直入《たんとうちょくにゅう》**に聞《き》いた。

これも覚えよう

歯《は》に衣着《きぬき》せぬ　思《おも》っていることをはっきりと言《い》う。「しんちゃんはいつも〜発言《はつげん》をする」

徳郎《とくろう》のバカー
ケンカしちゃった電話《でんわ》にもでてくれない
徳郎《とくろう》さんと何《なに》かあった?
単刀直入《たんとうちょくにゅう》に聞《き》きましょう
まつざか先生《せんせい》…
徳郎《とくろう》? ケンカ? 後《こう》かい? 大泣《おおな》き?
ちちがうわよ〜
やっぱり…
つけまつ毛《げ》取《と》れてまっす
ひっく

朝三暮四《ちょうさんぼし》

朝三《ちょうさん》＝朝《あさ》に三《みっ》つ（あたえる）。
暮四《ぼし》＝夕方《ゆうがた》に四《よっ》つ（あたえる）。

意味

目《め》の前《まえ》の差《さ》にとらわれて、同《おな》じ結果《けっか》になることに気《き》づかないこと。うまい話《はなし》で人《ひと》をだますこと（152ページ）。

使い方

「昨日《きのう》は四《よっ》つで四〇〇円《えん》のりんごが、今日《きょう》は二《ふた》つで二〇〇円《えん》。安《やす》いよ、安《やす》いよー」。このかけ声《ごえ》で、店《みせ》の前《まえ》には行列《ぎょうれつ》ができた。でも、これは朝三暮四《ちょうさんぼし》というものだ。昨日《きのう》も今日《きょう》も、りんごの単価《たんか》（一〇〇円《えん》）は変《か》わらないのだから。

おはだクリームが三本《さんぼん》セットで三万円《さんまんえん》です
三万円《さんまんえん》？
それは高《たか》いわ～
若《わか》くて美《うつく》しい方《かた》にしかおすすめしません
若《わか》くて美《うつく》しいだなんてー
お上手《じょうず》ねー
わかりましたでは、毎月《まいつき》一本《いっぽん》ずつ三《さん》カ月《げつ》に分《わ》けて
ご購入《こうにゅう》いただき一本一万円《いっぽんいちまんえん》にしましょう
で、三《さん》カ月《げつ》に分《わ》けて買《か》ったんだ
お得《とく》かよ
おはだのためよ

朝三暮四《ちょうさんぼし》でおこったサルが納得《なっとく》した理由《りゆう》は

今《いま》から一〇〇〇年《ねん》ほど前《まえ》、中国《ちゅうごく》は「宋《そう》」の国《くに》に、サルまわしの仕事《しごと》をしている男《おとこ》の人《ひと》がいました。男《おとこ》は、サルがかわいくて、サルのほしがるものはなんでもあげていました。

ところが、お金《かね》がなくなり、とうとうサルにあげるトチの実《み》(えさ)にも困《こま》ってしまいました。

そこで、ある朝《あさ》、えさをあげる前《まえ》に、サルに話《はな》しました。

「貧乏《びんぼう》になってしまった。すまないが、今日《きょう》から、えさのトチの実《み》を朝《あさ》に三《みっ》つ(=朝三《ちょうさん》)と夕方《ゆうがた》に四《よっ》つずつ(=暮四《ぼし》)にしてよいか」

サルたちはおこりました。

すると、男《おとこ》は、こう言《い》いました。

「じゃあ、朝《あさ》に四《よっ》つ、夕方《ゆうがた》に三《みっ》つずつでは、どうだろう?」

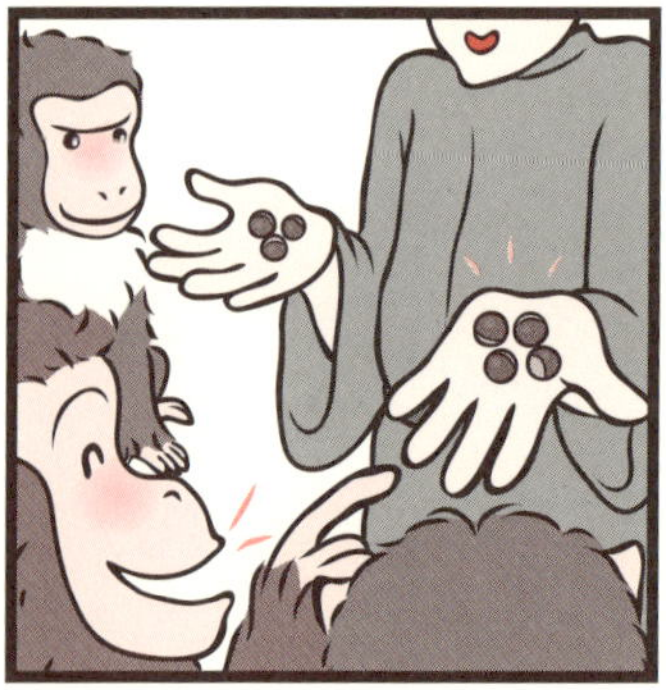

サルたちは、すぐにトチの実《み》を四《よっ》つもらえるので、「いいよ!」と言《い》ってしまいました。

サルたちは得《とく》をしたのでしょうか。でも、合計《ごうけい》の数《かず》はどちらも七《なな》つ。変《か》わっていませんね。

朝令暮改《ちょうれいぼかい》

朝令《ちょうれい》＝朝《あさ》の命令《めいれい》。
暮改《ぼかい》＝夕方《ゆうがた》に変《か》える。

意味

ころころ考《かんが》えが変《か》わり、あてにならないこと。

使い方

園長先生《えんちょうせんせい》は「来週《らいしゅう》の遠足《えんそく》は動物《どうぶつ》園《えん》に決定《けってい》」と言《い》っていたのに、すぐに「やっぱり公園《こうえん》に変更《へんこう》」だって。この**朝令暮改《ちょうれいぼかい》**にはがっかり。

これも覚えよう

「朝《ちょう》〜暮《ぼ》〜」とする四字熟語《よじじゅくご》

朝三暮四《ちょうさんぼし》（151ページ）

朝生暮死《ちょうせいぼし》 命《いのち》が短《みじか》い。朝生《あさう》まれて夕方《ゆうがた》に死《し》ぬかげろうから。

今日《きょう》の予定《よてい》は…
スケジュールメモ
マサオ　毎日《まいにち》スケジュールばかり気《き》にしていちゃダメよ
しんちゃんみたいにおおらかにね
はい…
ぶりぶり
まねするの？
パオ〜ン
取《と》り消《け》すわ…

た

猪突猛進《ちょとつもうしん》

猪突《ちょとつ》＝猪《いのしし》のように突《つ》き進《すす》む。
猛進《もうしん》＝激《はげ》しい勢《いきお》いで進《すす》む。

意味

目標《もくひょう》に向《む》かって、勢《いきお》いよく突《つ》き進《すす》むたとえ。
一直線《いっちょくせん》に突《つ》き進《すす》む猪《いのしし》の姿《すがた》にたとえている。

使い方

しんちゃんとバーゲンに出《で》かけたみさえは、お日《め》あてのワゴンに**猪突猛進《ちょとつもうしん》**！　見事《みごと》、お目《め》あてのワンピースを手《て》に入《い》れた。

これも覚えよう

二《に》の足《あし》をふむ　二歩目《にほめ》が出《だ》せない。ためらう。「ほしい。でも、値段《ねだん》を知《し》って、二《に》の足《あし》をふんだ」

どどどっ
早《はや》く行《い》かなくちゃ
まさに猪突猛進《ちょとつもうしん》ね
キャ
ほらキヨシ様《さま》よ!!
どど
えっ!!
キヨシ様〜!!
どどどーっ

適材適所《てきざいてきしょ》

適材《てきざい》＝仕事《しごと》や地位《ちい》にふさわしい才能《さいのう》のある人《ひと》（人材《じんざい》）。
適所《てきしょ》＝その人《ひと》にふさわしい仕事《しごと》や地位《ちい》。

意味

その人《ひと》の才能《さいのう》や性質《せいしつ》によくあう地位《ちい》、仕事《しごと》などをあたえる。

使い方

「山口《やまぐち》くんはボール投《な》げがうまいからピッチャー、田村《たむら》くんは足《あし》が速《はや》いからピンチランナーね」。ソフトボールのポジションが**適材適所**《てきざいてきしょ》で決《き》められた。

これも覚えよう

餅《もち》は餅屋《もちや》　専門的《せんもんてき》なことはプロや経験《けいけん》のある人《ひと》に任《まか》せる方《ほう》がよい。

どんな大会《たいかい》だってばら組《ぐみ》の優勝《ゆうしょう》さ
サッカーなら滅私《メッシ》と路今土《ロナウド》
なわとびならこの3人《にん》
ピョーン
ピョーン
野球《やきゅう》ならこの小谷《しょうたに》オオヘイ
二刀流《にとうりゅう》だもんね
適材適所《てきざいてきしょ》で園児《えんじ》がいるからな！
ごろ寝《ね》大会《たいかい》ならオラたちの優勝《ゆうしょう》だぞ
ごろ
ごろ
そんな大会《たいかい》あるかー!!

た

四字熟語 コミックス劇場——その6

門呂《もんろ》さんのためなら

朝《ちょう》令《れい》暮《ぼ》改《かい》の巻《まき》

雪《ゆき》のふった翌朝《よくあさ》
うわー かなり 積《つ》もってるわ
あなた 庭《にわ》や 玄関前《げんかんまえ》の 雪《ゆき》かきして 下《くだ》さる?
うーん ここ数日《すうじつ》 残業残業《ざんぎょうざんぎょう》で つかれて 肩《かた》や 首《くび》が痛《いた》くて 動《うご》けないよ
あ～いてて
しかたないわね なら あたしと しんのすけで やるわ
うーん 午後《ごご》 数字《すうじ》2《ツー》 残尿残尿《ざんにょうざんにょう》で つかれて 乳首《ちくび》が 板食《いたく》って 動《うご》けないよぉ
うそつけ!! さっきまで シロ以上《いじょう》に 庭《にわ》かけまわって たくせに
バレテーラ!! ペペロンチーノ!!
ピンポーン
…
あら おむかいの 門呂《もんろ》さん
はよざいあぁす んふ 実《じつ》は きょう雪《ゆき》かきを したいのですが あはん 私《わたし》が力《ちから》がないので 耳《みみ》かきくらいしかできず んもォ しかも うちの夫《おっと》は 海外出張中《かいがいしゅっちょうちゅう》 オーマイガッ 男手《おとこで》が ありませんの メンズノンノ
くね
くね
ふっふっ はっはっ
ヘイッヘイッ ホーッ!!
……
ワァオ
雪《ゆき》かきで お困《こま》りですと? ちょうどよかった 実《じつ》は ボク 雪《ゆき》かきを するために 生《う》まれてきました!!
オラ みさえの おまたから 生《う》まれて きました!!
まあ
この男《おとこ》は…

コミックス42巻《かん》「㊗《しゅく》連載《れんさい》15周年《しゅうねん》!! オラのあいかわらずの毎日《まいにち》はまだまだ続《つづ》くゾ～編《へん》 その2」より

クイズで挑戦　四字熟語

キングをめざせ

最後《さいご》のクイズだよ。迷路《めいろ》の真《ま》ん中《なか》にある四《よ》字熟語《じじゅくご》キングのかんむりには、A《エー》～D《ディー》のどの入《い》り口《ぐち》からたどりつけるかな。正解《せいかい》の道《みち》の上《うえ》の文字《もじ》をつなげると、四字熟語《よじじゅくご》が完成《かんせい》するよ。

★答《こた》えは177ページにあるよ。

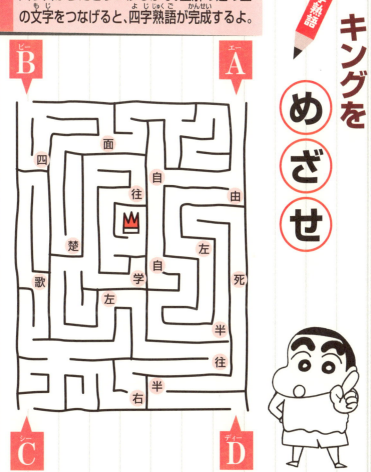

徹頭徹尾《てっとうてつび》

徹頭《てっとう》＝始《はじ》めからずっと。

徹尾《てつび》＝終《お》わりまでずっと。

意味

最初《さいしょ》から最後《さいご》まで。あくまでも。

同 首尾一貫《しゅびいっかん》（114ページ）

使い方

「これ、きれいに映《うつ》るよ」

「ダメ」

「しんのすけも喜《よろこ》ぶし」

「ダメ」

「今安《いまやす》いんだよ」

「ダメ。そんな余裕《よゆう》ないでしょ」

新《あたら》しいハードディスク内蔵《ないぞう》テレビを買《か》いたいヒロシに、みさえは**徹頭徹尾《てっとうてつび》**、反対《はんたい》した。

この骨《ほね》の色《いろ》、つやすばらしい!!
デート中《ちゅう》なのに
いい骨盤《こつばん》してるな
なるほど
骨まで愛して
徳郎《とくろう》さん、徹頭徹尾《てっとうてつび》骨《ほね》好《ず》きなのよ
へえ～
ほんとだ骨《ほね》でつれたぞ

天衣無縫《てんいむほう》

天衣《てんい》＝天女《てんにょ》や仙人《せんにん》が着《き》る着物《きもの》。
無縫《むほう》＝縫《ぬ》い目《め》がない。

意味

（天女《てんにょ》や仙人《せんにん》が着《き》る服《ふく》には縫《ぬ》い目《め》がないことから）文章《ぶんしょう》や詩《し》が自然《しぜん》に見《み》えてすばらしいこと。また、飾《かざ》り気《け》なくむじゃきなようす。

類 天真爛漫《てんしんらんまん》（162ページ）

使い方

すやすやとねる赤《あか》ちゃんを見《み》てみんなが「かわいい。天衣無縫《てんいむほう》の笑顔《えがお》だな」とほほえんだ。

これも覚えよう

無垢《むく》 まじりけがない。けがれがなく純真《じゅんしん》な。「ネネちゃんは一見《いっけん》、～な少女《しょうじょ》に見《み》える」

針《はり》も糸《いと》も使《つか》わない、天国《てんごく》の服《ふく》は天衣無縫《てんいむほう》

七夕《たなばた》で知《し》られる織《お》り姫《ひめ》は、彦星《ひこぼし》と一年《いちねん》に一回《いっかい》しか会《あ》えません。ほかの日《ひ》は、一人《ひとり》ぼっちでさびしく暮《く》らしていました。

そんなとき、神様《かみさま》がアドバイスしてくださいました。

「地上《ちじょう》に行《い》き、友《とも》だちを作《つく》ってはどうだ？」

織《お》り姫《ひめ》は地上《ちじょう》に行《い》ってみました。

地上《ちじょう》で、織《お》り姫《ひめ》は、郭翰《かくかん》という男《おとこ》を好《す》きになりました。織《お》り姫《ひめ》は男《おとこ》に気持《きも》ちを伝《つた》え、二人《ふたり》は恋人《こいびと》になりました。

ある日《ひ》、男《おとこ》は、毎日天《まいにちてん》からやってくる織《お》り姫《ひめ》の衣《ころも》に縫《ぬ》い目《め》がないことに気《き》づきました。

そのわけをたずねると、織《お》り姫《ひめ》は、こう答《こた》えました。

「天《てん》の服《ふく》（＝天衣《てんい》）は、ひとりでに体《からだ》をおおうわけ。針《はり》や糸《いと》で縫《ぬ》うわけではないから、縫《ぬ》い目《め》がないの（＝無縫《むほう》）」

一年《いちねん》ほどたったころ、織《お》り姫《ひめ》は、「神様《かみさま》と約束《やくそく》した日《ひ》が来《き》ました」と郭翰《かくかん》に別《わか》れをつげ、天《てん》に帰《かえ》って行《い》ってしまいました。

電光石火《でんこうせっか》

電光《でんこう》＝いなずまの光《ひかり》。電気《でんき》の光《ひかり》。
石火《せっか》＝火打《ひう》ち石《いし》を打《う》つときに出《で》る火花《ひばな》。

意味

行動《こうどう》がとてもすばやいことのたとえ。いなずまの光《ひかり》や、石《いし》を打《う》ったときに出《で》る火花《ひばな》はあっという間《ま》であることから。

使い方

オリンピックの柔道《じゅうどう》で、日本《にほん》の代表選手《だいひょうせんしゅ》は準決勝《じゅんけっしょう》まで、一試合《いっしあい》三〇秒以内《びょういない》に一本勝《いっぽんが》ちを決《き》める、**電光石火《でんこうせっか》**の快進撃《かいしんげき》を続《つづ》けた。

これも覚えよう

光陰矢《こういんや》のごとし　時間《じかん》は、飛《と》ぶ矢《や》のようにとても早《はや》く過《す》ぎることのたとえ。「五人《ごにん》の子《こ》どもを育《そだ》てた二〇年《ねん》は〜。あっという間《ま》だった」

えっ お客《きゃく》さん 連《つ》れて くるの？
うおおーっ!!
パッパッ
パッパッ
出《で》た！ みさえの 電光石火《でんこうせっか》 投《な》げ入《い》れそうじ！
ピシャッ
よい子《こ》は まねを しないでね

た

天真爛漫《てんしんらんまん》

天真《てんしん》＝生《う》まれつきの素直《すなお》な性格《せいかく》。
爛漫《らんまん》＝自然《しぜん》のままにかがやきあらわれるようす。

意味

明《あか》るく純《じゅん》すいでむじゃきなようす。

同 天衣無縫《てんいむほう》（159ページ）

使い方

おしりを出《だ》すケツだけ星人《せいじん》のギャグを連発《れんぱつ》するしんちゃんを見《み》て、「子《こ》どもは天真爛漫《てんしんらんまん》が一番《いちばん》」とほほ笑《え》むおばさまって、心《こころ》が広《ひろ》い。

これも覚えよう

「爛漫《らんまん》」には「花《はな》が咲《さ》き乱《みだ》れる」の意味《いみ》もある。「春《はる》、〜。公園《こうえん》は、花見《はなみ》を楽《たの》しむ人《ひと》でいっぱいだ」

えっ 電車《でんしゃ》の中《なか》で うんちなの？
んー♥
イケメンが好《す》きだもんね
♪
ぴしゃ ぴしゃ
天真爛漫《てんしんらんまん》ってつかれる

天変地異《てんぺんちい》

天変《てんぺん》=台風《たいふう》や嵐《あらし》など、天空《てんくう》に起《お》こる異変《いへん》。
地異《ちい》=地震《じしん》や洪水《こうずい》、津波《つなみ》などの地上《ちじょう》に起《お》こる異変《いへん》。

意味

自然界《しぜんかい》に起《お》こる災害《さいがい》や変《か》わったできごと。

使い方

「地球《ちきゅう》にいん石《せき》がぶつかり、高《たか》さ数百《すうひゃく》メートルの津波《つなみ》が発生《はっせい》した。また、そのときにまいあがったちりが太陽《たいよう》の光《ひかり》をさえぎり、陸地《りくち》がとても寒《さむ》くなった。こんな**天変地異**《てんぺんちい》が原因《げんいん》で、恐竜《きょうりゅう》はほろんだといわれているんだ」と、ヒロシが自慢《じまん》げに説明《せつめい》した。

おかえりなさいませ、ご主人様《しゅじんさま》
たい
うむ
みさえが玄関《げんかん》で正座《せいざ》して出《で》むかえてくれる
しんのすけがエリートに
今度《こんど》のテストもトップをねらうよ
キリッ
しんのすけなら楽勝《らくしょう》だよ
すごいねしんちゃん
社長《しゃちょう》、これでよろしいでしょうか
うむ、よくできているぞ
社長お時間です
うん
そして、おれが社長《しゃちょう》になる!
なんてなったら天変地異《てんぺんちい》の前《まえ》ぶれかなあ…
肩《かた》が泣《な》いてるぞ

た

同床異夢《どうしょういむ》

同床《どうしょう》=同《おな》じねどこでねる。
異夢《いむ》=ちがう夢《ゆめ》を見《み》る。

意味

同《おな》じ立場《たちば》でも、それぞれ別《べつ》の目標《もくひょう》や考《かんが》えをもっている。

使い方

水族館《すいぞくかん》の魚《さかな》を見《み》て「気持《きも》ちよさそう」と想像《そうぞう》するボーちゃんと、「おいしそう」とヨダレをたらすしんちゃん。同《おな》じ魚《さかな》を見《み》て別《べつ》のことを想像《そうぞう》する、二人《ふたり》は同床異夢《どうしょういむ》の仲間《なかま》だ。

水泳大会《すいえいたいかい》はみんなが遊《あそ》べる種目《しゅもく》を入《い》れたいわ
いいえ勝負《しょうぶ》にこだわる方《ほう》がいいと思《おも》うわ
プログラム
和気《わき》あいあいと楽《たの》しく
勝《か》ったらみんな喜《よろこ》ぶわよー
出《だ》し物《もの》はちがっても「園児《えんじ》のために」はいっしょ!
すばらし〜い!
かわいいビーチボールさがそ
新《あたら》しい水着《みずぎ》買《か》わなきゃ
スタートでほら貝《がい》ふきたい
でも同床異夢《どうしょういむ》か…

東奔西走《とうほんせいそう》

東奔《とうほん》＝東《ひがし》の方《ほう》へ急《いそ》いで走《はし》る。
西走《せいそう》＝西《にし》の方《ほう》へ走《はし》る。

意味

仕事《しごと》や用事《ようじ》であちこちに忙《いそが》しく走《はし》りまわる。

使い方

ようち園《えん》にしんちゃんを送《おく》った後《あと》、ひまわりをおんぶしてスーパーへ。その後《ご》、薬局《やっきょく》や自転車屋《じてんしゃや》で用事《ようじ》を足《た》したみさえ。今日《きょう》は町中《まちじゅう》を**東奔西走《とうほんせいそう》**した一日《いちにち》だった。

これも覚えよう

奔走《ほんそう》する　うまくいくように、あちこちにかけまわる。「ヒロシはお客様《きゃくさま》のために奔走《ほんそう》した」

セールスレディーはノルマ達成《たっせい》のため毎日《まいにち》、東奔西走《とうほんせいそう》している
こんにちは
こんにちは
こんにちは
かしこい奥様《おくさま》にぴったりの
かしこいだなんて
今《いま》までにない保険《ほけん》が出《で》たんです
かわいい赤《あか》ちゃんとお母《かあ》さんにぴったりの保険《ほけん》がありますのよ
かわいいだなんて
あなたのぼっちゃんには負《ま》けるわよ
まゆつば保検
えっ!
何《なに》してるの!
おせじを言《い》うために東奔西走《とうほんせいそう》してるの? おばさんは
仕事《しごと》よ。そして私《わたし》はおねえさんよ!!

た

四字熟語コミックス劇場——その7

カントンめーん、ドレミのドーッで 電《でん》光《こう》石《せっ》火《か》の巻《まき》

カントンめーん
めんあり!!
パーンッ
…られた
やったーっ!!
キャーッ
おおっ
早《はや》いっ…
よし!! その調子《ちょうし》だ!!
2本目《ほんめ》
うおりゃっ
とおっ
パーンッ
せいっ
ドシッ
ドン
ドン
バシッ
ドレミのドーッ!!
スパーンッ
うっ…
胴《どう》あり!!
調子《ちょうし》にのるな!!
パッ
くるくるっ
ワー
ワー
見《み》たか あの素早《すばや》い動《うご》き
電光石火《でんこうせっか》だっ…
ざわ ざわ
北大宮《きたおおみや》のバカめが…
たのしみだよ 野原《のはら》くん

コミックス37巻《かん》「剣道《けんどう》トーナメントはじまる! オラの快進撃《かいしんげき》は止《と》められないゾ編《へん》 その2」より

な行《ぎょう》は行《ぎょう》の四《よ》字《じ》熟《じゅく》語《ご》

ないゆうがいかん【内憂外患】
にそくさんもん【二束三文】
にっしんげっぽ【日進月歩】
ばじとうふう【馬耳東風】
はっぽうびじん【八方美人】
はらんばんじょう【波乱万丈】
はんしはんしょう【半死半生】
はんしんはんぎ【半信半疑】
びじれいく【美辞麗句】
ひゃっぱつひゃくちゅう【百発百中】
ひんこうほうせい【品行方正】

ふげんじっこう【不言実行】
ふみんふきゅう【不眠不休】
ふろうふし【不老不死】
ふわらいどう【付和雷同】
ふんこつさいしん【粉骨砕身】
ぶんぶりょうどう【文武両道】
へいしんていとう【平身低頭】
ぼういんぼうしょく【暴飲暴食】
ぼうじゃくぶじん【傍若無人】
ほんまつてんとう【本末転倒】

内《ない》憂《ゆう》外《がい》患《かん》

内憂《ないゆう》＝国内《こくない》の心配《しんぱい》ごと。
外患《がいかん》＝外国《がいこく》との間《あいだ》に生《しょう》じるやっかいなこと。
＊「外観」はまちがい。

意味

内《うち》にも外《そと》にも、心配《しんぱい》なことが多《おお》いようすのたとえ。国《くに》、会社《かいしゃ》、家《いえ》のようすを表《あらわ》すときに使《つか》われる。

使い方

ようち園《えん》では先生方《せんせいがた》の要望《ようぼう》を聞《き》かなければならないし、ご近所《きんじょ》からの苦情《くじょう》など、外部《がいぶ》とのトラブルも処理《しょり》しなければならない。園長《えんちょう》先生《せんせい》は内憂外患《ないゆうがいかん》の日々《ひび》を送《おく》っている。

オレは毎日《まいにち》、外《そと》で戦《たたか》っているんだぞ！
私《わたし》だって、家《いえ》で子育《こそだ》てと家事《かじ》やってるわ
野原《のはら》くん、こんなミス困《こま》るよ
申《もう》しわけありません
ガタン
あっ
今日《きょう》も内憂外患《ないゆうがいかん》の一日《いちにち》だったな
すみません
だいじょうぶ？
でもいいこともあるか

二束三文《にそくさんもん》

二束《にそく》=ぞうり二足《にそく》。「束《そく》」は物《もの》を数《かぞ》える単位《たんい》。＊「二足《にそく》」とも書《か》く。
三文《さんもん》=少《すこ》しのお金《かね》。価値《かち》が低《ひく》い。「文《もん》」は昔《むかし》のお金《かね》の単位《たんい》。

意味

もうけが出《で》ないくらい値段《ねだん》が安《やす》い。投《な》げ売《う》り。

使い方

年末《ねんまつ》の大《おお》そうじで出《で》てきた古着《ふるぎ》をフリーマーケットに出《だ》した。でも、一着《いっちゃく》五〇円《えん》の、二束三文《にそくさんもん》でしか売《う》れなかった。

これも覚えよう

早起《はやお》きは三文《さんもん》の徳《とく》 早起《はやお》きすると小《ちい》さなよいことがある。「〜三文《さんもん》の得《とく》」とも書《か》く。

アンジェリーナにまた、キズつけただろ!!
もともとキズだらけでしょ
エンジンだってけとばすとかかるのよ
あーっ!!
どんっ
古《ふる》いし、売《う》ったって二束三文《にそくさんもん》だけど新車買《しんしゃか》う?
でもな…
やっぱり替《か》えられないよ
じゃあかわりに母《かあ》ちゃんを替《か》えるかぁ?

な

日進月歩《にっしんげっぽ》

日~月~＝日《ひ》に日《ひ》にそのようすが強《つよ》まること。
進歩《しんぽ》＝よい方向《ほうこう》に進《すす》むこと。

意味

進歩《しんぽ》の速《はや》さが急《きゅう》な。ものごとが休《やす》みなく進歩《しんぽ》するようす。「日~月~」と「進歩《しんぽ》」を組《く》み合《あ》わせた言葉《ことば》。

使い方

「新《あたら》しいスマホ、いいわね」
「**日進月歩**《にっしんげっぽ》でよくなってるね」
「おもちゃも**日進月歩**《にっしんげっぽ》でよくなっている。新《あたら》しいのがほしいゾ」

これも覚えよう

対 **旧態依然**《きゅうたいいぜん》 昔《むかし》のままで、進歩《しんぽ》や発展《はってん》がないさま。「二〇年《ねん》ぶりに訪《たず》ねたあの町《まち》は、なにもかもが~としていた」

新《あたら》しいスマホを買《か》ったぞ
わーい
写真《しゃしん》とってー
写真《しゃしん》も動画《どうが》も高画質《こうがしつ》でとれるぞ
SNS《エスエヌエス》＊にアップできる？
簡単《かんたん》にできるさ
今《いま》のスマホは日進月歩《にっしんげっぽ》で進歩《しんぽ》しているからな
美女《びじょ》にフォローされたいな
だけど…あれ？どうやるんだっけ？
これか？こっちか？
父《とう》ちゃんも進歩《しんぽ》しないとね

＊＝会員《かいいん》が交流《こうりゅう》できるインターネットのサービス。

馬耳東風《ばじとうふう》

馬耳《ばじ》＝馬《うま》の耳《みみ》。
東風《とうふう》＝春《はる》に東《ひがし》から吹《ふ》くさわやかな風《かぜ》。

意味

（馬《うま》は耳《みみ》に風《かぜ》が当《あ》たっても何《なに》も感《かん》じないように見《み》えることから）人《ひと》の意見《いけん》に耳《みみ》をかたむけないことのたとえ。

使い方

「おふろから出《で》たら、パンツはきなさい！」とおこるみさえの声《こえ》を、しんちゃんは**馬耳東風**《ばじとうふう》で聞《き》き流《なが》した。

これも覚えよう

馬《うま》の耳《みみ》に念仏《ねんぶつ》　言《い》ってもわからないので、効《き》きめがない。「彼《かれ》には、何《なに》を言《い》っても〜だった」

なっとうに生玉子《なまたまご》を入《い》れるとうまいぞしんのすけ
それぼくも大好《だいす》きです
タレ
しらす干《ぼ》しを入《い》れてもうまいのぉヨシりん
意見《いけん》が合《あ》いますねー銀《ぎん》ちゃん
のりや大根《だいこん》おろしもあうぞきっと
よしと
今度《こんど》入《い》れてみます！
オラなっとうはタレとネギに決《き》めているんだ
やっぱり馬耳東風《ばじとうふう》か
うまいのにのぉ

は

八方美人《はっぽうびじん》

八方《はっぽう》＝あらゆる方向《ほうこう》。
美人《びじん》＝欠点《けってん》のない人《ひと》。美《うつく》しい人《ひと》。

意味

すべての人《ひと》からよく思《おも》われたいとぬかりなくふるまう人《ひと》。

もとは「欠点《けってん》のない美人《びじん》」の意《い》味《み》だが、非難《ひなん》の意味《いみ》で使《つか》われる。

使い方

「向《む》かいに引《ひ》っ越《こ》してきた奥《おく》さん、だれにもおせじばかり言《い》って。なんか**八方美人**《はっぽうびじん》よね」と、いやそうな顔《かお》でみさえが言《い》った。

これも覚えよう

八方《はっぽう》ふさがり　あらゆる方面《ほうめん》でうまくいかずに、どうしようもない状態《じょうたい》。

類 四面楚歌《しめんそか》（105ページ）

カバン持《も》ってくれるなんて、マサオはやさしいのね
あいちゃんのためさ
カザマくんの英語《えいご》ってセンスあるわカッコいいいね
君《きみ》こそベリープリティーだよ
ステキな鼻水《はなみず》ね
うまいだろマイハニー
すてきよ〜
しんちゃんは八方美人《はっぽうびじん》のあいじゃなくて私《わたし》と遊《あそ》ぶの!!
はい…

波乱万丈《はらんばんじょう》

波乱《はらん》=大小《だいしょう》の波《なみ》。変化《へんか》や曲折《きょくせつ》。さわぎやもめごと。＊「波瀾《はらん》」とも書《か》く。
万丈《ばんじょう》=とても高《たか》く、深《ふか》いようす。

意味

大《おお》きな変化《へんか》や事件《じけん》が何回《なんかい》もあるようす。

使い方

「小学校《しょうがっこう》でいじめられ、くやしさをバネに女優《じょゆう》になり大成功《だいせいこう》！　やがて、お金持《かねも》ちになったけど、前《まえ》に結婚《けっこん》した夫《おっと》にだまされ……。オラの母《かあ》ちゃんの人生《じんせい》は、波乱万丈《はらんばんじょう》だったんだゾ」。しんちゃんのこの作《つく》り話《ばなし》は、近所《きんじょ》で評判《ひょうばん》になった。

ヌパン4世《せい》の人生《じんせい》は波乱万丈《はらんばんじょう》！
あるときは命《いのち》がけで壁《かべ》を登《のぼ》り
てっぺんまで登《のぼ》るぞ
悪《わる》い博士《はかせ》につかまって頭《あたま》に電気《でんき》を流《なが》されたり
ヴィ〜〜ム
お前《まえ》の記憶《きおく》をぬすんでやる
危機一髪《ききいっぱつ》のときや
きさまもこれで終《お》わりだ
ビンタを思《おも》いっきりくらうときもある
私《わたし》のきんつば食《た》べるからよ
みぃねこちゃんにはかなわんじょう〜

半《はん》死《し》半《はん》生《しょう》

半死《はんし》=死《し》にそうな状態《じょうたい》。
半生《はんしょう》=生《せい》と死《し》の境《さかい》の状態《じょうたい》。

意味

もう少《すこ》しで死《し》にそうな。なんとか生《い》きているようす。

使い方

しんちゃんが得意《とくい》げに話《はな》した。「台風《たいふう》でキャンプのテントが川《かわ》に流《なが》されて、半死半生《はんしはんしょう》の目《め》にあったんだ」「えっ、いつ?」「きのうの夢《ゆめ》の中《なか》でさ」

これも覚えよう

瀕死《ひんし》 死《し》にそうな状態《じょうたい》。「〜の重傷《じゅうしょう》を負《お》った」

おなか すいてるの? これ食《た》べて いいよ
あっ
さっ
パクパク
うっ
あっ、オラの分《ぶん》
どうした? のどにつまったの?
うっうう〜〜!!
青《あお》い顔《かお》して、動《うご》かない 半死半生《はんしはんしょう》だよ。どうしよう
ひとりじめした バチがあたったんだよ
じゃあ ご飯《はん》に しようか
おなかも すいたし ねー
ほうって おくなよー

半信半疑《はんしんはんぎ》

半信《はんしん》＝半分《はんぶん》は信《しん》じられる。
半疑《はんぎ》＝半分《はんぶん》は疑《うたが》わしい。

意味

うそか本当《ほんとう》かよくわからない。完全《かんぜん》には信《しん》じられない。

使い方

しんちゃんが「今日《きょう》、ようち園《えん》のかるた大会《たいかい》で一番《いちばん》になったゾ」と言《い》った。でも、みさえは**半信半疑**《はんしんはんぎ》だった。だって、きのうは、「一番《いちばん》いい男大賞《おとこたいしょう》をとった！」と、うそを言《い》ったからだ。

これも覚えよう

「半《はん》～半《はん》～」とする四字熟語《よじじゅくご》

半死半生《はんしはんしょう》 （174ページ）

半官半民《はんかんはんみん》 役所《やくしょ》と民間《みんかん》が共同《きょうどう》で出資《しゅっし》して経営《けいえい》する。

あっ よしいうすと 先生《せんせい》だ
や、やあ
人気《にんき》まんがの 先生《せんせい》だよ
ネタづくりですか？
へえー
そんなところさ
こんなところでネタづくり？
なに？
ほんとに人気《にんき》まんが家《か》なの？
ひそひそ
わなわな
半信半疑《はんしんはんぎ》で聞《き》いておかなきゃね～

は

四字熟語 コミックス劇場——その 8

ひまわりのお手《て》がら？で 半《はん》死《し》半《はん》生《しょう》の巻《まき》

ガラッ
2人のメモリー♥
ミッチー私物
会社資料
あっ そこ ダメッ ボクの仕事《しごと》の資料用《しりょうよう》CD《シーディー》ロムが入《はい》ってるから…
ばらららっ
ばららっ
あら あら
さーーっ
いや ミッチー ボクがやる…
愛
ん？
仕事用資料A
馬田曜子《うまだようこ》 DVD《ディーブイディー》 水着《みずぎ》で悩殺《のうさつ》
リンリン・オブ ダイタイ DVD《ディーブイディー》 しあわせのM字開脚《エムじかいきゃく》
仕事《しごと》の資料《しりょう》…？
あっ 宅配便《たくはいびん》かな？
さー
愛
ドスッ
ビシッ
ゴッ
ご ごめん… 痛《いた》っ… ミッチー グーは やめようよ
♪
おかげで いろいろ わかりました ぁ
？

コミックス43巻《かん》「おまけマンガ! 怒濤《どとう》の11連発《れんぱつ》 ひまわりパワー大爆裂《だいばくれつ》!! 編《へん》 その8」より

答え

29ページ

①平穏無事《へいおんぶじ》
②支離滅裂《しりめつれつ》
③臨機応変《りんきおうへん》
④一喜一憂《いっきいちゆう》

杓子定規《しゃくしじょうぎ》
泰然自若《たいぜんじじゃく》
多事多難《たじたなん》
理路整然《りろせいぜん》

47ページ

①□…三、○…四
再三再四《さいさんさいし》、朝三暮四《ちょうさんぼし》
②□…半、○…半
半死半生《はんしはんしょう》、半信半疑《はんしんはんぎ》
③□…不、○…不
不眠不休《ふみんふきゅう》、不老不死《ふろうふし》
④□…転、○…倒
本末転倒《ほんまつてんとう》、主客転倒《しゅかくてんとう》

69ページ

四字熟語《よじじゅくご》

誠	心	誠	意	語	因
臨	機	応	変	字	果
熟	一	部	始	終	応
七	転	八	倒	始	報
一	得	両	挙	一	西
念	首	尾	一	貫	東
発	即	触	一	四	今
起	承	転	結	★	古

【かくれている四字熟語《よじじゅくご》】
因果応報《いんがおうほう》　古今東西《ここんとうざい》
終始一貫《しゅうしいっかん》　心機一転《しんきいってん》
一念発起《いちねんほっき》　誠心誠意《せいしんせいい》
臨機応変《りんきおうへん》　一部始終《いちぶしじゅう》
七転八倒《しちてんばっとう》　一挙両得《いっきょりょうとく》
首尾一貫《しゅびいっかん》　一触即発《いっしょくそくはつ》
起承転結《きしょうてんけつ》

79ページ

①四苦八苦《しくはっく》
一石二鳥《いっせきにちょう》

中	苦	一	八
千	鳥	石	五
二	物	差	夢
四	霧	苦	万

②空前絶後《くうぜんぜつご》
無我夢中《むがむちゅう》

空	無	気	天
中	後	前	直
絶	夢	我	色
球	面	満	下

157ページ

C《シー》
右往左往《うおうさおう》

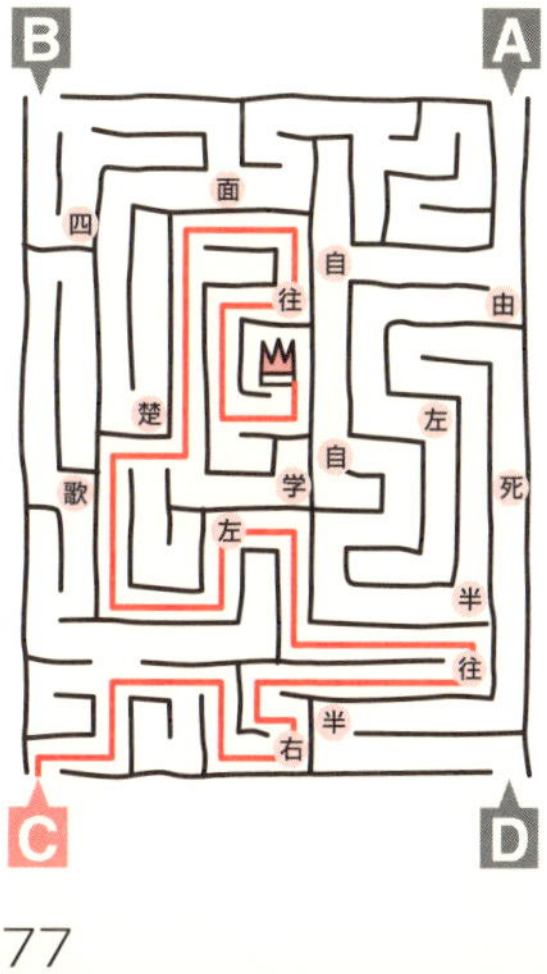

123ページ

①朝礼暮改
②言語同断
③気色満面
④一身同体
⑤晴天白日
⑥公明盛大
⑦進出鬼没
⑧短刀直入

令　道　喜　心　青　正　神　単

美辞麗句《びじれいく》

美辞《びじ》＝かざりたてた言葉《ことば》。
麗句《れいく》＝たくみで美《うつく》しい文句《もんく》。

意味

うわべだけ美《うつく》しくかざりたてた言葉《ことば》やせりふ。

使い方

「本当《ほんとう》におきれいですね。こんなに美《うつく》しい人《ひと》、他《ほか》に見《み》つからないな。それに優《やさ》しくて素直《すなお》だし、それから、えっと……」

「そんな**美辞麗句**《びじれいく》をならべたてても、おこづかいはあげないわよ」

これも覚えよう

「辞《じ》」には「言葉《ことば》」の意味《いみ》がある。

賛辞《さんじ》　ほめる言葉《ことば》。
祝辞《しゅくじ》　祝《いわ》う言葉《ことば》。
世辞《せじ》　心《こころ》にもない言葉《ことば》。

営業《えいぎょう》では ときには 美辞麗句《びじれいく》も必要《ひつよう》だよ
そうなんですか
へぇ〜
マスター！ 焼《や》き鳥《とり》 うまいよ 世界一《せかいいち》だ！
へっ
そんなの当然《とうぜん》だろ
プロのかがやき！ かっこいい！
よせよ
でも、まあ 悪《わる》い気《き》は しないな
おお〜
イケメンマスター おかんじょう サービス して―
そんな 手《て》に 乗《の》るか！

百発百中《ひゃっぱつひゃくちゅう》

百発《ひゃっぱつ》＝百回《ひゃっかい》放《はな》つ。
百中《ひゃくちゅう》＝百回《ひゃっかい》命中《めいちゅう》する。

意味

必《かなら》ず命中《めいちゅう》する。予想《よそう》がすべて当《あ》たる。

使い方

「父《とう》ちゃん、今日《きょう》は母《かあ》ちゃんがおこる日《ひ》だよ。オラの〝母《かあ》ちゃんのごきげん予報《よほう》〟は**百発百中**《ひゃっぱつひゃくちゅう》なんだから」

これも覚えよう

類 **連戦連勝**《れんせんれんしょう》　どんな戦《たたか》いにも必《かなら》ず勝《か》つ（**同** **全戦全勝**《ぜんせんぜんしょう》、**百戦百勝**《ひゃくせんひゃくしょう》）。「かるた大会《たいかい》では〜。負《ま》け知《し》らずだ」

みんなの一日《いちにち》の事件《じけん》を予想《よそう》するよ
ネネちゃんはキレる
カザマくんはほめられる
マサオくんは泣《な》く
しんちゃんは回《まわ》る
転《ころ》んじゃったよー！いたいよー！
なにやってんの!!
よくかけたわね！
回転《かいてん》しり
くるくる
百発百中《ひゃっぱつひゃくちゅう》で当《あ》たったよ
すごいね！
ていうか
これはいつもやってることでしょ？

は

品行方正《ひんこうほうせい》

品行《ひんこう》＝行《おこな》いやふるまい。
方正《ほうせい》＝心《こころ》や行動《こうどう》が正《ただ》しくきちんとしている。

意味

心《こころ》や行《おこな》いが正《ただ》しく、立派《りっぱ》な。まじめな。

使い方

しんちゃんを人前《ひとまえ》でおしりを出《だ》さない、礼儀《れいぎ》正《ただ》しく品行方正《ひんこうほうせい》な子《こ》どもにするにはどうしたらよいか、ヒロシは考《かんが》えた。

これも覚えよう

対 **品性下劣《ひんせいげれつ》**　人《ひと》がらが下品《げひん》でいやしい。「園長先生《えんちょうせんせい》は顔《かお》がこわいからといって、〜ではない。優《やさ》しい人《ひと》だ」

野原係長《のはらかかりちょう》飲《の》みにいきましょう
悪《わる》いな。子《こ》どもが待《ま》っているから
ギャンブルは興味《きょうみ》なし
キャバクラ ネゴシエーター
ラブマシーン
まくれー
夜《よる》のネオンにもひかれない
好きです♡
ぼくは妻《つま》を愛《あい》しているんだ
品行方正《ひんこうほうせい》もカッコイイなぁ
それで結局《けっきょく》モテるのか？
るせっ！

不言実行《ふげんじっこう》

不言《ふげん》＝なにも言《い》わない。
実行《じっこう》＝じっさいに行《おこな》う。

意味

（文句《もんく》や不満《ふまん》を言《い》わずに）だまってやるべきことをきちんとやる。

使い方

「口《くち》にはださないけれど、もくもくとがんばる、不言実行《ふげんじっこう》の努力家《どりょくか》タイプの人《ひと》が好《す》きです。言《い》ったことをやらない有言不実行《ゆうげんふじっこう》の人《ひと》はきらいです」

これも覚えよう

有言実行《ゆうげんじっこう》／武士《ぶし》に二言《にごん》はない　口《くち》にしたことは必《かなら》ず行《おこな》う。

毎日《まいにち》運動《うんどう》して やせるわよ！
不言実行《ふげんじっこう》で みんなを おどろかせるんだから
ファイト！
運動《うんどう》すると おなかが すくわね
母《かあ》ちゃんいつもと ちがうね
運動《うんどう》したから おいしいわ
うまそうだな
最近《さいきん》運動不足《うんどうぶそく》だろ？
不言実行《ふげんじっこう》で よかった…
ダイエットの失敗《しっぱい》だったりして？

は

不《ふ》眠《みん》不《ふ》休《きゅう》

不眠《ふみん》＝ねむらない。
不休《ふきゅう》＝休《やす》まない。

意味

休《やす》まないでものごとに取《と》り組《く》むようす。

使い方

大地震《だいじしん》で多《おお》くの家《いえ》がこわれた。消防隊《しょうぼうたい》や警察《けいさつ》、多《おお》くの市民《しみん》が一刻《いっこく》を争《あらそ》い、**不眠不休**《ふみんふきゅう》で被害者《ひがいしゃ》の救出《きゅうしゅつ》にあたった。

これも覚えよう

類 **昼夜兼行**《ちゅうやけんこう》　昼《ひる》も夜《よる》も働《はたら》く。
「お店《みせ》のオープンに間《ま》に合《あ》わせるため、～で間《ま》に合《あ》わせた」

眠《ねむ》れん
ねぞうが悪《わる》か…
布団《ふとん》かけんばカゼひくたい
また…この二人《ふたり》は
お義父《とう》さんよく眠《ねむ》れましたか
布団《ふとん》かけで不眠不休《ふみんふきゅう》だったわい

不老不死《ふろうふし》

不老《ふろう》＝年《とし》をとらない。
不死《ふし》＝死《し》なない。

意味

いつまでも年《とし》をとらず、死《し》なない。

使い方

永遠《えいえん》に生《い》き続《つづ》けたい！ 不老不《ふろうふ》死《し》の夢《ゆめ》をかなえる研究《けんきゅう》は、体《からだ》の一《いち》部《ぶ》を冷凍保存《れいとうほぞん》するという形《かたち》ですでに始《はじ》まっている。

これも覚えよう

類 **不老長寿《ふろうちょうじゅ》** 年《とし》をとらず、長生《ながい》きする。「～は人類《じんるい》の夢《ゆめ》。日本《にほん》は世《せ》界《かい》トップクラスの長寿国《ちょうじゅこく》だ」

博士《はかせ》りんごのおすそわけです
完成《かんせい》だ～
なにが？
不老不死《ふろうふし》の薬《くすり》じゃよ
不老節《ふろうぶし》？
人《ひと》は年《とし》をとり、いつか死《し》んでいく。でもこの薬《くすり》を飲《の》めば、いつまでも年《とし》をとらずにいられるんだ
私《わたし》、若《わか》くきれいなままでいられるんですね
オラはずーっと五歳児《さいじ》だぞ
……

は

不老不死《ふろうふし》の薬《くすり》は昔《むかし》、日本《にほん》にあった？

いつまでも年《とし》を取《と》らず（＝不老《ふろう》）に、決《けっ》して死《し》なないこと（＝不死《ふし》）。不老不《ふろうふ》死《し》は、昔《むかし》から多《おお》くの人《ひと》の願《ねが》いでした。

中国《ちゅうごく》を初《はじ》めて一《ひと》つの国《くに》にまとめた、始《し》皇帝《こうてい》という王様《おうさま》は、生《う》まれつき体《からだ》がじょうぶではありませんでした。そこで、不《ふ》老不死《ろうふし》の薬《くすり》をさがしてくるよう、家来《けらい》たちに命令《めいれい》していました。

徐福《じょふく》という学者《がくしゃ》は、「東《ひがし》に蓬莱《ほうらい》という島《しま》があり、その島《しま》の山《やま》の上《うえ》に不老不死《ふろうふし》の薬《くすり》があります」と王様《おうさま》に進言《しんげん》。たくさんの宝物《たからもの》をたずさえ、

何千人《なんぜんにん》もの部下《ぶか》をつれて、船《ふね》で東《ひがし》にある蓬莱《ほうらい》の島《しま》に向《む》かいました。

一行《いっこう》がどうなったのか、くわしいことはわかっていません。けれど、いろいろな語《かた》り伝《つた》えから、「着《つ》いたのは日本《にほん》ではないか」といわれています。

みなさんがよく知《し》っている「竹取物語《たけとりものがたり》」にも、不死《ふし》の薬《くすり》が出《で》てきます。かぐや姫《ひめ》が天《てん》に帰《かえ》るときにおくった不死《ふし》の薬《くすり》。それが焼《や》かれた山《やま》は、「不死《ふし》の山《やま》」→「富《ふ》士《じ》の山《やま》」と呼《よ》ばれるようになったそうです。

付和雷同《ふわらいどう》

付和《ふわ》＝すぐに他人《たにん》に賛成《さんせい》する。＊「不和」はまちがい。
雷同《らいどう》＝むやみに他人《たにん》に同調《どうちょう》する。

意味

ほかの人《ひと》の意見《いけん》や考《かんが》えに簡《かん》たんに賛成《さんせい》する。「雷同付和《らいどうふわ》」ともいう。

使い方

居酒屋《いざかや》にも定食屋《ていしょくや》にもおねえさんのいる店《みせ》にも、さそわれるままについていくヒロシの付和雷同《ふわらいどう》ぶりに、みさえはあきれた。

これも覚えよう

しり馬《うま》に乗《の》る　よく考《かんが》えもせず、人《ひと》の意見《いけん》に賛成《さんせい》する。「しり馬《うま》に乗《の》って、あとで泣《な》かないでね」

秋《あき》の行事《ぎょうじ》は何《なに》にする？
遠足《えんそく》がいいです
賛成《さんせい》！
どこがいいかしら
かすかべ山《やま》はどう？
賛成《さんせい》！
……
お知《し》らせ作《つく》ります
賛成《さんせい》！
なぜ何《なん》でも上尾先生《あげおせんせい》に付和雷同《ふわらいどう》するの？
じゃんけんで負《ま》けて今日《きょう》はますみが王様《おうさま》なの！
♪

粉骨砕身《ふんこつさいしん》

粉骨《ふんこつ》＝骨《ほね》が粉々《こなごな》になる。
砕身《さいしん》＝体《からだ》がくたくたになる。

意味

力《ちから》のかぎり一生懸命《いっしょうけんめい》に働《はたら》き、ものごとに取《と》り組《く》む。

使い方

会社《かいしゃ》のために朝早《あさはや》くから夜《よる》おそくまで、**粉骨砕身**《ふんこつさいしん》で働《はたら》く勤《つと》め人《にん》は「企業戦士《きぎょうせんし》」ともよばれる。

これも覚えよう

身《み》を粉《こ》にして　苦労《くろう》が多《おお》いけれどがんばって。「ローンの支《し》はらいのため、〜働《はたら》く」

ごはんよ〜
しんのすけ起《お》きてるの？
今夜《こんや》のおかずは…
こら
待《ま》ちなさい!!
家事《かじ》に子育《こそだ》て毎日《まいにち》、粉骨砕身《ふんこつさいしん》してるよぉ〜
はいはい
だいぶ飲《の》んでるね

文武両道《ぶんぶりょうどう》

文武《ぶんぶ》＝勉強《べんきょう》と（刀《かたな》や弓《ゆみ》をつかう）武道《ぶどう》。
両道《りょうどう》＝二《ふた》つの方面《ほうめん》。

意味

勉強《べんきょう》と武道《ぶどう》（スポーツ）の両方《りょうほう》。また、そのどちらもよくでき、優《すぐ》れている。

使い方

「社長《しゃちょう》の息子《むすこ》は勉強《べんきょう》もできるし、サッカーもうまい。文武両道《ぶんぶりょうどう》に秀《ひい》でているんだよ」と、ヒロシが言《い》った。

これも覚えよう

ペンは剣《けん》よりも強《つよ》し
文章《ぶんしょう》の力《ちから》は武力《ぶりょく》よりも強《つよ》い（力《ちから》で、世界《せかい》を動《うご》かす）。

テストどうだった？
バッチリさ
やるね
シュート！
一等《いっとう》だ
勉強《べんきょう》もスポーツもがんばって
ぼくは文武両道《ぶんぶりょうどう》をめざすぞ
……
エッヘン
オラはもう両道《りょうどう》だぞ

は

平身低頭《へいしんていとう》

平身《へいしん》＝体《からだ》をかがめる。ふせる。
低頭《ていとう》＝頭《あたま》を下《さ》げる。

意味

ひたすらおそれて身《み》をすくめる。ひらあやまりする。

使い方

むだづかいがみさえにバレた。「ごめんなさい。もうしません。ゆるして！」と、ヒロシは**平身低頭**《へいしんていとう》してあやまった。

これも覚えよう

類 **三拝九拝**《さんぱいきゅうはい》　何度《なんど》も頭《あたま》を下《さ》げて敬《うやま》う気持《きも》ちやあやまる気持《きも》ちを伝《つた》える。「みさえは恩師《おんし》の先生《せんせい》に〜して別《わか》れた」

得意先《とくいさき》に取引停止《とりひきていし》と言《い》われました
なんだって？
ぼくのミスなんです
ぼくがおこらせたんです ぼくが会社《かいしゃ》やめます
泣《な》いてる場合《ばあい》じゃないぞ いっしょに謝《あやま》りに行《い》くぞ
こちらのミスです すみませんでしたぁ！
わかってくれればいいんだよ
平身低頭《へいしんていとう》して謝《あやま》れば通《つう》じるんですね
そう 最後《さいご》は気持《きも》ちさ

暴飲暴食《ぼういんぼうしょく》

暴飲《ぼういん》=やたらと飲《の》む。お酒《さけ》を飲《の》みすぎる。
暴食《ぼうしょく》=食《た》べすぎる。

意味

飲《の》みすぎ食《た》べすぎ。

類 **牛飲馬食《ぎゅういんばしょく》**（72ページ）

使い方

親《しん》せきの家《いえ》で料理《りょうり》をばくばく、ジュースをごくごく飲《の》んで、**暴飲《ぼういん》暴食《ぼうしょく》**した兄《あに》は、案《あん》の定《じょう》、家《いえ》に帰《かえ》っておなかをこわした。

これも覚えよう

腹八分目《はらはちぶんめ》 食事《しょくじ》は、満腹《まんぷく》が十《じゅう》なら、八《はち》くらいで止《と》めておくべきという考《かん》え方《かた》。「夕食《ゆうしょく》は～におさえておこう」

四千円《よんせんえん》で
飲《の》み放題《ほうだい》！
食《た》べ放題《ほうだい》！
このお肉《にく》おいしい
後《あと》でデザートも食《た》べよ
ゴクゴク
パクパク
おかわりー
ピンポーン
胃《い》がもたれる
苦《くる》し～
暴飲暴食《ぼういんぼうしょく》しちゃったね
薬《くすり》飲《の》も
ちゃんこなべ食《た》べよ
特大《とくだい》手《て》作《づく》りケーキもね
……

は

傍若無人《ぼうじゃくぶじん》

傍《ぼう》＝そばに。
若《じゃく》＝～のようだ。
無人《ぶじん》＝人《ひと》がいない。

意味

そばの人《ひと》のめいわくを気《き》にかけない、勝手《かって》な行動《こうどう》。

使い方

電車《でんしゃ》の中《なか》で、友《とも》だちの悪口《わるくち》で電《でん》話《わ》の相手《あいて》と大声《おおごえ》で盛《も》り上《あ》がる高校《こうこう》生《せい》の**傍若無人**《ぼうじゃくぶじん》なふるまいに、まわりの客《きゃく》はみな迷惑《めいわく》していた。

これも覚えよう

厚顔無恥《こうがんむち》　ずうずうしくはじ知《し》らずなようす。「あんな見《み》えすいたうそをつくとは、なんて～なやつなんだ」

べたべた
オイラはタクシードライバー
彼《かれ》にふられちゃったのよぉ～
いろんな客《きゃく》がいる
どん
新宿《しんじゅく》まで行《い》け
はい
どかっ
酒《さけ》飲《の》んで悪《わる》いか
もっとスピード出《だ》せよ
葉巻《はまき》吸《す》って悪《わる》いか
傍若無人《ぼうじゃくぶじん》な客《きゃく》だな
つりはいらねえよ
すばらしいお客《きゃく》さまだったな

本末転倒《ほんまつてんとう》

本末《ほんまつ》＝始《はじ》めと終《お》わり。木《き》の根《ね》（本《ほん》）と枝葉《えだは》（末《すえ》）。＊「本未」はまちがい。
転倒《てんとう》＝ひっくり返《かえ》る。

意味
大切《たいせつ》なことと、そうでないことをとりちがえること。

類 主客転倒《しゅかくてんとう》（112ページ）

使い方
必要《ひつよう》な人数《にんずう》がそろうかもわからないのに、ソフトボール大会《たいかい》の出場《じょう》を決《き》めるなんて、ちょっと本末転倒《ほんまつてんとう》な話《はなし》じゃないの？

これも覚えよう
木《き》に竹《たけ》を接《つ》ぐ　バランスがとれていない。木《き》と竹《たけ》をつないでも、変《へん》に見《み》えるから。「今日《きょう》のみさえは～ようなファッションだ」

マサオくん病気《びょうき》でお休《やす》みしたね
おみまいに行《い》こう
オラも行《い》く
ネネクッキー持《も》ってく
オラはチョコビがいいな
マサオくんはプリンが好《す》きだ
ママの手作《てづく》りクッキーよ
元気《げんき》づけが大切《たいせつ》なんだおみやげなんて必要《ひつよう》ないよ
本末転倒《ほんまつてんとう》だよ
なるほど～
あれ、手《て》ぶら？治《なお》ったからもう何《なん》でも食《た》べられるのに…

は

四字熟語コミックス劇場——その9

傍《ぼう》若《じゃく》無《ぶ》人《じん》

のケータイはダメ　の巻《まき》

もしもーし あ ユミ? えっ?! マジで?! きょうの合《ご》コン ユミ来《こ》れないのォ?!
なんで?
オナラが止《と》まらないからよ
ケンスケスズキ学院 ホームパーティー科 10月生募集中
つーかさあ ユミが来《こ》ないと合《ごう》コンのメンツ足《た》らないんだけどォ
ぷっ
でも どーせ アンタ合《ごう》コンで負《ま》け組《ぐみ》ですから 残念《ざんねん》!!
ちょっとそこ!! さっきからうるさいんだけど!!
おまえもなっ

コミックス43巻《かん》「ますみ先生《せんせい》 ヨシリン カザマくん……みんな〜大活躍《だいかつやく》だぞ〜編《へん》 その3」より

ま行《ぎょう》や行《ぎょう》ら行《ぎょう》の四字熟語《よじじゅくご》

むがむちゅう【無我夢中】
むびょうそくさい【無病息災】
むみかんそう【無味乾燥】
ゆいがどくそん【唯我独尊】
ゆうじゅうふだん【優柔不断】
ゆうしょうれっぱい【優勝劣敗】
ゆうめいむじつ【有名無実】

ゆだんたいてき【油断大敵】
ようとうくにく【羊頭狗肉】
りっしんしゅっせ【立身出世】
りゅうとうだび【竜頭蛇尾】
りんきおうへん【臨機応変】
ろうにゃくなんにょ【老若男女】

無《む》我《が》夢《む》中《ちゅう》

無我《むが》＝我《われ》を忘《わす》れている状態《じょうたい》。＊「夢我」はまちがい。
夢中《むちゅう》＝夢《ゆめ》の中《なか》にいるような状態《じょうたい》。

意味

あることに熱中《ねっちゅう》し、我《われ》を忘《わす》れているようす。

類 一心不乱《いっしんふらん》（43ページ）

使い方

バーゲン会場《かいじょう》で**無我夢中**《むがむちゅう》で買《か》いものをするみさえのとなりで、しんちゃんはデパートのおねえさんにうつつをぬかしていた。

これも覚えよう

うつつをぬかす 何《なに》かに一生懸命《いっしょうけんめい》になって、夢中《むちゅう》になるようす。「うつつ」は「本心《ほんしん》、正気《しょうき》」の意味《いみ》。

バーゲン会場
三〇分《ぷん》は見《み》てたいな
じゃあ、後《あと》で来《く》るよ
これいいわね
あっそれも
一時間後《いちじかんご》
母《かあ》ちゃん！
おーいみさえ
みさえ…！
これはほり出《だ》し物《もの》ね
どっちにしよう？
無我夢中《むがむちゅう》だな
我《われ》を忘《わす》れているよ
ご飯《はん》も無我夢中《むがむちゅう》で作《つく》ってくれるといいのにね…

無病息災《むびょうそくさい》

無病《むびょう》＝病気《びょうき》をしない。
息災《そくさい》＝無事《ぶじ》に暮《く》らす。

意味

病気《びょうき》をせずに健康《けんこう》で暮《く》らす。もともと「息」は「(仏《ほとけ》の力《ちから》で)防《ふせ》ぐ」の意味《いみ》、「息災《そくさい》」は「病気《びょうき》や災害《さいがい》を防《ふせ》ぐ」の意味《いみ》。

使い方

子《こ》どものときは、勉強《べんきょう》も運動《うんどう》もイマイチでしたが、体《からだ》だけはじょうぶで。**無病息災《むびょうそくさい》**だけがとりえの少女《しょうじょ》でした。

これも覚えよう

一病息災《いちびょうそくさい》 一《ひと》つくらい病気《びょうき》があると体《からだ》に注意《ちゅうい》するので、かえって長《なが》生《い》きする。「おばあちゃんは～の人《ひと》だ」

元気《げんき》じゃよ
健康《けんこう》が一番《いちばん》たい
病気《びょうき》知《し》らずで元気《げんき》でいられる
みんな無病息災《むびょうそくさい》ね
でも、オラは恋《こい》の病《やまい》にかかっているんだな～
バカッ…

ま

無《む》味《み》乾《かん》燥《そう》

無味《むみ》=味《あじ》がない。おもしろみがない。
乾燥《かんそう》=うるおいがない。むなしい。

意味

味《あじ》わいがなく、おもしろみがないようす。

使い方

「愛情《あいじょう》のかけらもない家族《かぞく》と、いつもの冷《さ》めた食事《しょくじ》。こんな**無味乾燥《むみかんそう》**な暮《く》らしはうんざりだ」。しんちゃんには、このテレビドラマのせりふの意味《いみ》がわからなかった。

これも覚えよう

類 **無味無臭《むみむしゅう》** 味《あじ》もにおいもない。「それは食《た》べても気《き》がつかない、～の毒《どく》だった」

タイムサービスに行《い》かなきゃ
母《かあ》ちゃんがるす！家《いえ》にはオラひとり！
自由《じゆう》だっ！あれをやろう！
しあわせの舞
ブラジャーマスク参上《さんじょう》！
無味乾燥《むみかんそう》だな…
だれかいないとつまらない

唯我独尊《ゆいがどくそん》

唯我《ゆいが》＝ただ自分《じぶん》のみ。
独尊《どくそん》＝自分《じぶん》だけがえらい。

意味

世《よ》の中《なか》で、自分《じぶん》が一番《いちばん》えらいとうぬぼれている状態《じょうたい》。

使い方

A《エー》国《こく》の大統領《だいとうりょう》は**唯我独尊**《ゆいがどくそん》で、その行動《こうどう》は予測不能《よそくふのう》。周《まわ》りから見《み》れば独裁者《どくさいしゃ》、単《たん》なるわがままなおじさんだ。

これも覚えよう

鼻《はな》にかける　じまんする。「ヒロシには、金持《かねも》ちを〜いやな上司《じょうし》がいる」

ひまわりちゃん大《おお》きくなったねぇ
ひまわりちゃ〜ん
ひまわり姫《ひめ》〜
にこお
唯我独尊《ゆいがどくそん》のこの性格《せいかく》は直《なお》るのかしら？
う〜ん

や

優柔不断《ゆうじゅうふだん》

優柔《ゆうじゅう》＝ぐずぐずしているようす。
不断《ふだん》＝決断《けつだん》できない。思《おも》いきりが悪《わる》いようす。＊「普段」はまちがい。

意味

ぐずぐずしていて、ものごとを決《き》められないようす。

使い方

おもちゃ屋《や》で「あれもこれもほしい」と一時間《いちじかん》も迷《まよ》うしんちゃん。「優柔不断《ゆうじゅうふだん》な性格《せいかく》なんだから」。みさえはあきれた。

これも覚えよう

踏《ふ》ん切《ぎ》りがつかない 気持《きも》ちが決《き》まらず、まよう。「踏《ふ》ん切《ぎ》り」は「決心《けっしん》」の意味《いみ》。

マサオ 遠足《えんそく》の お弁当《べんとう》 何《なに》がいい？
え～と 何《なに》に しよう
おにぎりに しようかな まてよ サンドイッチ もいいなぁ 焼《や》きそばも… どうしよう
……
じゃあ 何時《なんじ》に 起《お》こそうか？
自分《じぶん》で 起《お》きるよ
六時《ろくじ》 かな？ 七時《しちじ》じゃ おそいし 六時半《ろくじはん》？ それとも
優柔不断《ゆうじゅうふだん》ね

優勝劣敗《ゆうしょうれっぱい》

優勝《ゆうしょう》＝まさっているものが勝《か》つ。
劣敗《れっぱい》＝劣《おと》るものが負《ま》ける。

意味

まさっているものが勝《か》ち、劣《おと》るものが負《ま》ける。生《い》き延《の》びるための競争《きょうそう》（生存競争《せいぞんきょうそう》）では強者《きょうしゃ》が生《い》き残《のこ》り、弱者《じゃくしゃ》は滅《ほろ》びる。

類 弱肉強食《じゃくにくきょうしょく》（107ページ）

使い方

人気《にんき》のアイドルがテレビに出《で》る回数《かいすう》がふえるほど、人気《にんき》のないアイドルがテレビに出《で》る回数《かいすう》は減《へ》る。

優勝劣敗《ゆうしょうれっぱい》は世《よ》の常《つね》だ。

これも覚えよう

類 適者生存《てきしゃせいぞん》 環境《かんきょう》により適《てき》したものが生《い》き残《のこ》って子孫《しそん》を残《のこ》せるという考《かんが》え方《かた》。

らっしゃい らっしゃい 野菜《やさい》 くだもの 大安売《おおやすう》り だよ!!
ガヤ ガヤ
ワイ ワイ
繁盛《はんじょう》 してるなぁ
スーパーに 客《きゃく》とられたよ
なに 弱気《よわき》に なってい るんだい
どうすりゃ いいんだ 店《みせ》やって けねぇよ～
うじうじ してんじゃ ないよ
きれいな手形《てがた》
しんちゃん 商売《しょうばい》の世界《せかい》は 優勝劣敗《ゆうしょうれっぱい》だよ
そのようだな…
夫婦《ふうふ》も？

や

有名無実《ゆうめいむじつ》

有名《ゆうめい》＝名《な》がある。
無実《むじつ》＝内容《ないよう》や実績《じっせき》がない。

意味

名《な》ばかりで、中身《なかみ》がないようす。実際《じっさい》には役立《やくだ》たない制度《せいど》・法律《ほうりつ》や、活動《かつどう》していない組織《そしき》を説明《せつめい》するときによく使《つか》う。

使い方

姉《あね》の中学《ちゅうがく》には「買《か》い食《ぐ》い禁止《きんし》」という校則《こうそく》がある。でも、これは**有名無実《ゆうめいむじつ》と化《か》して**いる。守《まも》る生徒《せいと》がいないからだ。

これも覚えよう

名《な》は体《たい》を表《あらわ》す 名前《なまえ》は、その実体《じったい》を表《あらわ》す。「優子《ゆうこ》ちゃんはみんなに優《やさ》しい女《おんな》の子《こ》。まさに～といえる子《こ》だ」

ポイ捨て禁止！
埼玉一美しい公園
ほー
きっととてもきれいなんだよ
え〜っ!!
うわっごみだらけ
みんな、ポイ捨《す》てしてるよ
ほら、あの人《ひと》も
あれ？
「美《うつく》しい公園《こうえん》」は有名無実《ゆうめいむじつ》なんだ
テストが捨《す》ててあった
トオル？10点《てん》ってまさか……
ぼくは無実《むじつ》だ!!
トオル
10

油断大敵《ゆだんたいてき》

油断《ゆだん》＝注意《ちゅうい》が足《た》りない。
大敵《たいてき》＝大《おお》きな敵《てき》。

意味

ちょっとでも気《き》をぬくと大《おお》きな失敗《しっぱい》につながるので、気《き》をひきしめる必要《ひつよう》があるという注意《ちゅうい》。

使い方

おなかがすいたみさえは、ついケーキをつまみ食《ぐ》い。すかさず、しんちゃんが言《い》った。「**油断大敵《ゆだんたいてき》**、その一口《ひとくち》がデブになる」

これも覚えよう

油断《ゆだん》も隙《すき》もない 気《き》をゆるめることができない。「ヤツはずるがしこい、〜男《おとこ》だ」

ひまわりがねたら
お洗《せん》たくして
スーパーに行《い》って…
ねてられないわぁ…
油断《ゆだん》のしゅん間《かん》
かきかき
油断《ゆだん》の結果《けっか》①
ねっ
寝《ね》てた！
今《いま》、何時《なんじ》？
ひまわりは？
油断《ゆだん》の結果《けっか》②
油断大敵《ゆだんたいてき》ね

や

羊頭狗肉《ようとうくにく》

羊頭《ようとう》＝羊《ひつじ》の頭《あたま》。
狗肉《くにく》＝犬《いぬ》の肉《にく》。

意味

よいものと見《み》せかけ、よくないものを売《う》るたとえ。見《み》かけと中身《なかみ》がちがうたとえ（203ページ）。

使い方

テレビのコマーシャルを見《み》てとてもこわいお化《ば》け屋敷《やしき》を期待《きたい》したのに。あんなちゃちなしかけでは、**羊頭狗肉《ようとうくにく》**もいいところだ。

これも覚えよう

ほらふき　できそうもない大《おお》きなことを言《い》う。「しんちゃんには、～の友《とも》だちがいる」

はーい バーゲンのお土産《みやげ》ね
おかえり～
すごい！ きれいで 大《おお》きな箱《はこ》だなー
きゃ～！
これだけ…？
こういう 羊頭狗肉《ようとうくにく》の お土産《みやげ》で 家族《かぞく》を ごまかして…
見て 見て
自分《じぶん》だけ 高価《こうか》な 物《もの》を買《か》う
どっちも 中身《なかみ》が ともなって ないよ

羊《ひつじ》も馬《うま》も牛《うし》も？ 羊頭狗肉《ようとうくにく》は、ずるい肉屋《にくや》さんが始《はじ》まり

ある肉屋《にくや》が、羊《ひつじ》の頭《あたま》（＝羊頭《ようとう》）をお店《みせ》の前《まえ》につりさげ、あたかも羊《ひつじ》の肉《にく》を売《う》っているように見《み》せかけて、じつはもっと安《やす》い犬《いぬ》の肉《にく》（＝狗肉《くにく》）を売《う》ってごまかしていた――。

「羊頭狗肉《ようとうくにく》」は、こんな昔《むかし》の中国《ちゅうごく》のお話《はなし》から生《う》まれた四字熟語《よじじゅくご》です。

これと似《に》た言葉《ことば》には、「羊頭馬肉《ようとうばにく》」があります。同《おな》じように、羊《ひつじ》の肉《にく》と見《み》せかけて馬《うま》の肉《にく》を売《う》っていたということからきています。牛《うし》の首《くび》を見《み》せておいて、馬《うま》の肉《にく》を売《う》った「牛頭馬肉《ぎゅうとうばにく》」という言葉《ことば》もあります。どれも、お店《みせ》に並《なら》べられた肉《にく》が何《なん》の肉《にく》かを見《み》わけるのが難《むずか》しいお客《きゃく》さんの弱《よわ》みにつけこんだずるい商売《しょうばい》です。

羊頭狗肉《ようとうくにく》のように「見《み》せかけだけを立《りっ》派《ぱ》にして、中身《なかみ》がともなわない」ということは、「ごまかしている」ということです。「看板《かんばん》にいつわりあり」は、このようなごまかしをドンピシャで言《い》い当《あ》てた慣用句《かんようく》です。「いつわり」とは「うそ」のことです。いっしょに覚《おぼ》えておきましょう。

立身出世《りっしんしゅっせ》

立身《りっしん》＝一人前《いちにんまえ》になる。
出世《しゅっせ》＝社会《しゃかい》に出《で》て、立派《りっぱ》な地位《ちい》や身分《みぶん》になる。

意味

社会《しゃかい》の中《なか》で高《たか》い地位《ちい》について、認《みと》められるようになる。

使い方

昔《むかし》は、都会《とかい》でお金《かね》持《も》ちや有名人《ゆうめいじん》になるという**立身出世**《りっしんしゅっせ》を果《は》たし、故郷《こきょう》に晴《は》れがましく帰《かえ》るのが、田舎《いなか》を後《あと》にしたものの夢《ゆめ》だった。

これも覚えよう

地《ち》に落《お》ちる　名声《めいせい》や権威《けんい》を失《うしな》う。
「あの事件《じけん》をきっかけに、人気《にんき》も地《ち》に落《お》ちた」

社長《しゃちょう》お持《も》ちします
うむ
このビルもせまくなったな
買《か》い替《か》えましょうか
野原《のはら》グループの社長《しゃちょう》よ
やあ
お〜ッ
すごい人気《にんき》だわ
落《お》とさないでよ
立身出世《りっしんしゅっせ》は男《おとこ》の夢《ゆめ》だ!
夢《ゆめ》は大《おお》きい方《ほう》がいいんだよね
そうだな

竜《りゅう》頭《とう》蛇《だ》尾《び》

竜頭《りゅうとう》＝（立派《りっぱ》な）竜《りゅう》の頭《あたま》。
蛇尾《だび》＝（たよりない）蛇《へび》のしっぽ。

意味

始《はじ》めの勢《いきお》いが、終《お》わりにはふるわなくなるようすのたとえ。頭《あたま》は竜《りゅう》のように立派《りっぱ》なのに、しっぽは蛇《へび》のように細《ほそ》いというたとえから。

使い方

彼《かれ》はなんでもすぐに始《はじ》めるが、最後《さいご》はいつも中途《ちゅうと》はんぱな**竜頭蛇尾**《りゅうとうだび》に終《お》わってしまう。

これも覚えよう

尻切《しりき》れとんぼ　とちゅうで切《き》れて、完成《かんせい》していない。「母《かあ》ちゃん、作《つく》り始《はじ》めた料理《りょうり》は〜に終《お》わらせないでよ」

塾《じゅく》がお休《やす》みだから遊《あそ》びに行《い》ってきます
まあ勢《いきお》いがいいこと
犬《いぬ》のフンごっこやろう
やらないよ
あっごめん
あらあら出《で》たときの元気《げんき》はどうしたの？
ただいま…
竜頭蛇尾《りゅうとうだび》じゃない？

ら

臨機応変《りんきおうへん》

臨機《りんき》＝その場《ば》に応《おう》じる。
応変《おうへん》＝変化《へんか》に応《おう》じる。

意味

その時《とき》その場《ば》のようすに合《あ》わせて、ぴったりな行動《こうどう》をとる。

使い方

タオルは三角巾《さんかくきん》、新聞紙《しんぶんし》は服《ふく》の下《した》にはさんで体《からだ》をあたためる道具《どうぐ》に。災害時《さいがいじ》は周《まわ》りの物《もの》を**臨機応変**《りんきおうへん》に使《つか》って身《み》を守《まも》ろう。

これも覚えよう

類 **当意即妙**《とういそくみょう》 その場《ば》に合《あ》わせて機転《きてん》を利《き》かせる。「予期《よき》しない質問《しつもん》にも、じょうだんをまじえた～な返答《へんとう》で対応《たいおう》した」

母《かあ》ちゃん布団《ふとん》しいたゾ
ありがとねー
ほら ぬらした タオルだぞ
ろうかにあった
よく気《き》がついたわね
ぞうきんだけど
おかえりなさい
気《き》をきかせて しんのすけが 電話《でんわ》してきて びっくりしたぞ
だいじょうぶか
しんのすけ、よく 臨機応変《りんきおうへん》に 対応《たいおう》したな
えへ

老若男女《ろうにゃくなんにょ》

老若《ろうにゃく》＝老人《ろうじん》と若者《わかもの》。
男女《なんにょ》＝男性《だんせい》と女性《じょせい》。

意味

老人《ろうじん》も若者《わかもの》も男《おとこ》も女《おんな》も。あらゆる人《ひと》たち。みんな。

使い方

商店街《しょうてんがい》で、有名《ゆうめい》なお笑《わら》い芸人《げいにん》が登場《とうじょう》するテレビ番組《ばんぐみ》の撮影《さつえい》が始《はじ》まった。すると、どこで聞《き》きつけたのか、**老若男女**《ろうにゃくなんにょ》を問《と》わず、おおぜいの人《ひと》が集《あつ》まりはじめた。

老《ろう》
若《にゃく》
男女《なんにょ》
みんな、仲間《なかま》
みんな友《とも》だちだぞ
ぞ

キャラクター原作／臼井儀人《うすいよしと》

カバーイラスト／高原めぐみ
4コマまんが／深見恵子（株）ジェイアイ）、わの絵津呼
文／藤崎七緒、中村茂雄
イラスト／富田早苗
カバーデザイン／山中章寛（株）ジェイアイ）
本文デザイン／宮塚真由美

本文監修／江口尚純《えぐちなおすみ》（静岡大学教育学部教授）
編集・構成／りんりん舎《しゃ》（中村茂雄）

本書は、2007年6月に刊行した『クレヨンしんちゃんの まんが四字熟語辞典』を
2017年9月時点の資料をもとに改訂し、新版としたものです。

新版《しんぱん》 クレヨンしんちゃんのまんが四字熟語辞典《よじじゅくごじてん》

2017年10月22日 第1刷発行
2024年 4 月 8 日 第6刷発行

編集・構成／りんりん舎《しゃ》
発行者／島野浩二
発行所／株式会社双葉社
〒162-8540 東京都新宿区東五軒町3番28号
［電話］03-5261-4818（営業）03-5261-4869（編集）
http://www.futabasha.co.jp/（双葉社の書籍・コミック・ムックが買えます）

印刷／三晃印刷株式会社
製本所／株式会社若林製本工場

ISBN978-4-575-31308-6 C8076